尽善尽美　　　　弗求弗迪

保险商法精讲

杜钘格　著

电子工业出版社

Publishing House of Electronics Industry

北京·BEIJING

内 容 简 介

近年来，人身保险除保障功能外，其财富管理和传承功能逐渐被大众认识，保险进一步成为应对婚姻、传承、债务、税务风险的一项重要金融工具。

本书从专业律师的视角出发，用通俗易懂的语言，向大众介绍人身保险的各类险种及保险合同的专业术语，解答常见的投保疑问，借助案例故事，深入分析与大众密切相关的财富风险，并给出相应的保单配置方案。通过阅读本书，读者能够掌握正确的投保思路，结合自身的实际需求，利用好保险的法商功能。

图书在版编目（CIP）数据

保险法商精讲 / 杜钶格著. —北京：电子工业出版社，2023.2
ISBN 978-7-121-44490-6

Ⅰ. ①保… Ⅱ. ①杜… Ⅲ. ①保险法 – 基本知识 – 中国 Ⅳ. ①D922.284

中国版本图书馆CIP数据核字(2022)第208365号

责任编辑：王小聪
印　　刷：鸿博昊天科技有限公司
装　　订：鸿博昊天科技有限公司
出版发行：电子工业出版社
　　　　　北京市海淀区万寿路173信箱　邮编：100036
开　　本：787×1092　1/32　印张：11　字数：237千字
版　　次：2023 年 2 月第 1 版
印　　次：2023 年 12 月第 2 次印刷
定　　价：69.00 元

前言 / PREFACE

本书送给保险消费者，也送给保险从业者。

作为一名法科生，我有幸与保险结缘。11 年前，硕士研究生毕业前夕，我对自己的择业和未来发展方向其实并不清晰，懵懂间跟着同学跑了几场校园招聘会。说实话，听着宣讲人描绘着他们公司的工作场景和企业愿景，我总觉得那离我很远。直到有一天偶然走进某人寿保险公司的宣讲会现场，我猜测他们是在招聘销售人员，而我的性格可能并不适合这一行，但我的心告诉我，先去看看吧，看看保险公司到底在讲些什么。然后，我的职业生涯便与保险有了联系。时至今日，我仍记得当时的悸动，走出宣讲会现场的那一刻，我确定这就是我要去的地方。

我在保险公司待了 3 年，一直在培训部工作，主要负责保险观念和产品、保险法基础、销售心态和技能类课程的组织及授课。客观地讲，在保险公司工作的日子里，我成长得很快，进步很大，那时学会的工作技能、培养的工作习惯，至今仍让我受益匪浅。只是，看着同学群里大家聊的法律话题，我感觉自己与法学专业的距离越来越远，我的内心又开始受到法学的召唤，我开始渴望像同学们一样，开口便是"法言法语"。

所以，我辞职去做了律师。

在律师执业的这些年里，如我所愿，每天都在接触和学习法律，不停地通过一个个案件看到纠纷背后的利益争夺和人生百态。我常常感叹，其实只要稍微懂一点法律，提前加以防范，很多纠纷大都可以避免。可见，日常的普法很重要。于是，我开始利用每一个可以利用的机会，去跟大家聊那些常常被忽视的风险和法律解决方法。

因为我曾任职于保险公司，在 2016 年前后，我开始被邀约至各保险公司和银行提供法商培训和法律讲座。我很珍视这些机会，因为每一场讲座都是与到会嘉宾的专业沟通，我将大家认为晦涩难懂的法律条文尽可能通俗地、案例化地呈现出来，尽量让大家感到法律很亲切，并且就在我们的身边。

随着越来越多的高净值客户开始关注家庭资产的配置和传承问题，我也开始专注于私人财富管理领域。这个领域常常涉及各种法律工具和金融工具，前者包括赠与合同、遗嘱、代持协议、婚姻财产协议、各类股东协议等，后者包括大额保单、家族信托、保险金信托等。是的，除了我们理解的保障功能，保险在私人财富管理中也是一个非常重要的工具。这些年频频出现的百万元、千万元甚至上亿元保费的大额保单，其背后承载的主要是投保人对其财富的管理和传承意愿。

接下来，我想和大家聊聊本书的主要内容。

首先需要说明的是，本书探讨的保险均指人身保险。生活中，不少亲戚朋友，包括律师同事，他们知道我对保险了解较多，于是买保险时常常会征询我的意见。收到各式各样的投保咨询之后，我发现太多人对保险一知半解，甚至分不清重疾险和医疗险，认为买了重疾险只要看病产生了医疗费用，就可以报销；更别说理解"现金价值""责任免除"这些专业术语了。正因为投保时的不了解，甚至是误解，为后来的退保或理赔埋下了隐患。

我认为，保险是现代家庭的必备品。保障型保险可以转移风险、减少损失，提高家庭经济方面的抗风险能力；理财型保险则在强制储蓄、财富的稳健增值以及对资金的长期规划等方面起到了很好的作用。我们应当在充分了解保险的种类及其保障范围等关键问题后，根据自己的交费能力、家庭责任等实际情况，配置适合且充足的保险。基于此，我总结、梳理了大家常常咨询的投保问题，包括保险的种类、各类保险的功能及投保注意事项、保险合同的主体、健康告知以及理赔问题等作为本书第一章至第二章的内容，以期帮助保险消费者做出正确的投保决策。

第三章至第六章讲的是保险的法律功能。想必大家或多或少都听过"保险能避债""保单在离婚时不会被分割"等说法，这些说法是否正确？保险是否具备如此强大的功能？如果保险没有类似的功能，为何这些说法又流传如此之久？……围绕这些疑问，我会结合保险的合同特点，一一分析保险在婚姻财富规划、对子女的资金支持、财富传承规划以及家庭资产安全配置等方面的作用，释明保险的法律功能，提示不同投保目的下的合同架构要点和注意事项，澄清关于"保险能避债""保单在离婚时不会被分割"等说法的错误之处。我希望借此让大家树立对保险的正确认识，以及了解如何借助保险的法律功能实现自己在财富管理和传承方面的个性化需求，让保险真正为自己所用。

本书的内容源于我对日常投保咨询的总结以及近几年法商培训的课程讲义，在写作过程中，我一直力争在语言上做到严谨而不失通俗，希望最终呈现的内容能够对保险消费者和保险从业者有所助益。囿于自身知识的有限，其中难免有疏漏和不到之处，敬请海涵及指正。我的电子邮箱：dgege1201@163.com。

最后，借用央视的保险公益宣传片主题——"保险，让生活更美好"，与大家共勉。愿我们能正确认识保险、合理规划保险、充分利用保险，让生活更美好！

杜钘格

2022 年 4 月 6 日

目录 / CONTENTS

第一章
家庭投保，该买哪些保险

　　常有朋友直接发过来一个文档，说："这是某某帮我做的投保方案，他说里面什么都包括了，生病意外、猫抓狗咬都能赔，你看看行吗？"我认为，方案中的保险产品本身问题不大，关键在于，需要结合当事人的需求、家庭成员情况、经济状况等多方面因素综合考量，然后选择适合的产品或者产品组合，就如保险业流传的那句话："保险没有好坏之分，只有适合与不适合。"

　　本章旨在跟大家聊一聊投保时主要涉及的险种以及我个人对它们的认识，供各位读者在投保时参考。

第一节　意外伤害保险：花小钱赶走大担忧

互联网时代，信息传播迅速，我们每天拿起手机，总能看到像某地发生火灾、某处出现重大交通事故、某小区高空坠物砸伤人等这样的新闻，这些事件让我们一次次感受到生命无常，风险无处不在。我们可以通过均衡营养、加强锻炼、规律作息等方法来尽量保持身体健康，也可以通过定期体检来及时发现和预防某些疾病，但是对于意外风险，预防所能起到的作用微乎其微。人们常说"明天和意外，永远不知道哪个先来"，即是对意外和无常的一种感叹。

意外事件虽然难以预防，但是我们可以借助保险，尽量降低其对家庭造成的经济损失。尤其是针对家庭支柱，他/她的受伤或者离开，将使整个家庭遭受情感和经济上的双重打击。为避免因一场意外而导致家庭经济受到重创，意外伤害保险（以下简称意外险）必不可少。

一般来说，意外险的保费较低，几百元便可获得几十万元甚至上百万元的保险金额（以下简称保额），购买意外险时一般还可以搭配意外伤害医疗保险以及意外伤害住院津贴保险。对于弥补意外风险造成的损失，意外险能起到非常大的作用，每个人、每个家庭都应当配置。

一、意外险可以保什么

我们先通过下面这个表格，看看意外险可以保什么。

意外险的保险责任

序号	意外险的保障范围	保险公司承担的责任
1	意外身故	对因意外伤害造成的身故，保险公司按照保额承担赔付责任 如：钱先生为自己购买了 100 万元保额的意外险，当他发生保险事故而身故时，家人（受益人）可获赔 100 万元
2	意外伤残	对因意外伤害造成的伤残，以保额为基准，保险公司按合同约定的给付比例承担赔付责任，伤残程度由重到轻划分为 1 到 10 级，赔付比例按 10% 递增 如：钱先生购买了 100 万元保额的意外险，含意外伤残责任。钱先生遭遇意外致 9 级伤残，可获赔 100×20%=20（万元） 部分意外险产品提供的伤残责任为"全残"，即仅对符合条款约定的高度残疾承担赔付责任，常见于具备"满期返还保费"特点的意外险产品中
3	意外医疗	对因意外伤害而产生的医疗费用，保险公司在保额内进行报销 有的有免赔额，有的无免赔额；有的限医保目录内，有的不限医保目录内
4	意外住院津贴	被保险人因意外伤害住院，保险公司按住院天数给付津贴，一般有天数限制
5	其他	如报销救护车费用等

注意，并非购买了意外险，上表中的五项责任便都能保障。此处的"意外险"是一个种类概念，泛指与意外相关的保险，包括"人身意外伤害保险""意外伤害医疗保险""意外伤害住院津贴保险"以及针对特定职业人群、特定交通工具的意外保险等。

那么，意外险包含的种类这么多，该如何选择呢？

如果你已经购买了综合性的医疗保险，且免赔额较低，或者购买意外险的主要目的是出现意外事故后，要给家人留下一笔钱，而且对小额医疗费用并不特别在意，可以购买只保意外身故和意外伤残的人身意外伤害保险。

如果你没有购买过任何商业保险，或者已购买的医疗险的免赔额较高，投保意外险时，可选择含意外身故、意外伤残、意外医疗、意外住院津贴在内的综合方案。

下图为某款综合意外险的部分介绍页面，它就包含了意外身故、意外伤残、意外医疗以及意外住院津贴四项保险责任，消费者可以根据自身的需求选择不同的投保方案。

| | 车祸 | 摔伤 | 火灾 | 飞机事故 |

\\\ 高保额高性价比 \\\

保险责任	计划一	计划二	计划三
意外身故 / 伤残	10 万元	30 万元	50 万元
意外医疗	5000 元	3 万元	6 万元
意外住院津贴	—	50 元 / 天	100 元 / 天

\\\ 责任明晰更安心 \\\

意外医疗	意外住院津贴
医保报销后仅免赔 100 元，超过部分报销 90%。	仅免赔 3 天，单次 30 天、最高 90 天。

某款综合意外险的部分介绍页面

二、意外险中的"意外"指的是什么

保险范畴内的"意外"与我们平常理解的"意外"并不一样。生活中我们一般认为，意外是指意料之外的某些情形，比如猝死、中暑、高原反应等，但它们并不属于保险意义上的"意外"。

2019 年 4 月 1 日正式实施的中国保险业首个国家标准《保险术语（GB/T 36687—2018）》中关于"意外事故"的定义为：在人身保险中，指外来的、突发的、不可预见的、非本意的和非疾病的导致被保险人身体受到伤害的客观事件。

意外事故中"意外"的要素

以猝死为例，世界卫生组织关于猝死的定义是："平素身体健康或貌似健康的患者，在出乎意料的短时间内，因自然疾病而突然死亡。"该定义反映了猝死的内涵，即"因疾病而突然死亡"。既然猝死是因自身疾病引起的，那么便不符合意外险中"外来的、非疾病的"条件。因此，严格意义上的猝死不在意外险的保障范围之内，多数保险公司在其意外险合同中也将猝死列在责任免除范围内。

例如，某意外险合同将猝死列在责任免除范围内的同时，另在其投保须知中就猝死不赔的问题进行了以下特别说明：

> 保险人对被保险人未遭受外来伤害，而是由于自身身体原因（包括但不限于猝死、心脏骤停、呼吸衰竭、急性病突发等排除外来伤害的原因）导致的死亡或残疾不负责赔偿。

某意外险合同中对猝死不赔问题的说明

即便合同中有明确规定，生活中依旧不乏关于猝死的意外险理赔纠纷，因为双方对于死亡原因到底是疾病还是意外存在争议。家属认为被保险人"突然"死亡就是意外，购买了意外险，保险公司应当赔；保险公司则认为猝死是疾病导致的，不属于意外，不在保险责任范围内。法院对此类案件进行判决时，主要依据相关证据来甄别被保险人的死因到底是内在的疾病，还是外来的意外伤害。

此处分享两个关于猝死的意外险理赔案例，由于证据不同，法院的判决结果也不同。

案例 1.1.1

冉某是 A 公司员工，A 公司与甲保险公司订立保险合同，为冉某等员工投保了团体意外伤害保险，每人的身故保额为 80万元。

保险合同中关于意外伤害的释义为："意外伤害指以外来的、突发的、非本意的、非疾病的客观事件为直接且主要原因导致的身体伤害，猝死不属于意外伤害。猝死是指貌似健康的人因潜在疾病、机能障碍或其他原因在出现症状后 24 小时内发生的非暴力性突然死亡，属于疾病身故。猝死的认定，如有公安机关、检察院、法院等的法律文件、医疗机构的诊断书等，则以上述法律文件、诊断书等为准。"

2018 年 7 月 6 日，冉某午餐后去卫生间时突发昏迷，被人发现后送往 B 医院治疗，急诊病历载明：就诊时间 2018 年 7 月 6 日 13 时 58 分，主诉（同事代诉）突发昏迷半小时，转诊或离院时间 2018 年 7 月 6 日 15 时 00 分，转往 C 医院。

冉某在 C 医院抢救无效，于 7 月 7 日 23 时 12 分被宣布死亡。当日，C 医院出具居民死亡医学证明（推断）书，载明：死亡日期为 2018 年 7 月 7 日，死亡原因为心脏呼吸衰竭。

2018 年 7 月 30 日，冉某户籍地派出所出具户籍注销证明，载明：冉某为我派出所管辖居民，于 2018 年 7 月 8 日由于疾病死亡而注销户口。

冉某亲属授权 A 公司代为办理有关冉某意外保险的全部事宜。

保险公司认为被保险人冉某死亡并非因意外伤害导致，而是因其自身疾病所致，因此冉某的身故不属于意外伤害保险的保险责任，未予赔付。

2018 年 11 月 27 日，A 公司诉至法院，要求判令保险公司给付意外伤害医疗保险金 11279.83 元，并给付意外伤害身故保险金 80 万元。

案件经北京市延庆区人民法院一审、北京市第一中级人民法院二审，均认为 A 公司作为保险金请求权利人应当提供证据证明保险事故的性质和原因，现 A 公司提供的两家医院的诊断证明中均无冉某死亡系摔倒、身体外伤等所致的记载，现有证据不足以证明冉某是因外来的、突发的、非本意的、非疾病的客观事件导致死亡的，且冉某的尸体已于 2018 年 7 月 20 日火化，亦无法通过尸体解剖更加准确地确认冉某的死亡原因，因此，两审法院对 A 公司的诉讼请求均未予支持。

案例 1.1.2

被保险人韩某购买了短期意外伤害保险，保额 30 万元。

2018 年 6 月 5 日，韩某用餐过程中突发意识丧失，并伴有抽搐。当 120 急救人员赶到时，韩某已身故。A 医院根据家属描述在急诊病历上注明："心跳呼吸骤停、心源性猝死？"因医院死亡证明上不允许有问号，医院在出具的居民死亡医学证明（推断）书时删掉了问号，标注韩某死亡原因为"心源性猝死"；家属对此提出异议，医院经专家会诊，出具了不排除食物窒息死亡可能的证明。

（一）关于被保险人韩某是否因意外伤害导致死亡

按照案涉保险条款记载，"意外伤害"是指遭受外来的、突发的、非本意的、非疾病的使身体受到伤害的客观事件。现根据 A 医院出具的急诊病历、死亡证明及专家会诊结果证明，并结合一审法院的调查结果，急诊人员当时并未对韩某进行进一步检查，对韩某的死亡原因并不确定，之后医院亦表示"不排除食物窒息死亡"的可能，故对韩某的死亡原因，医院方面并没有给出明确的意见。现韩某的遗体已经火化，无法对死亡原因进行鉴定，双方提交的其他证据亦不足以证明韩某的死亡原因，因此本案既不能排除被保险人死亡系意外伤害所致，也不能排除系非意外伤害的其他原因导致。

（二）关于保险公司是否应当赔付以及赔付金额的问题

根据《最高人民法院关于适用〈中华人民共和国保险法〉若干问题的解释（三）》（以下简称《保险法司法解释（三）》）第二十五条规定："被保险人的损失系由承保事故或者非承保事故、免责事由造成难以确定，当事人请求保险人给付保险金的，人民法院可以按照相应比例予以支持。"一审法院根据现有证据以及前述分析，尚不足以排除韩某系意外伤害所致，同时考虑双方对无法确定死亡原因的责任、被保险人是曾患疾病的老人等因素，酌情考虑保险公司向受益人耿某（韩某之女）支付保险金 15 万元（30 万元保额的 50%）。

二审法院维持一审判决。

通过对意外伤害的含义的分析，结合两个案例，我们可以得出如下结论：

意外险对"外来的、突发的、非本意的、非疾病的"客观事件给被保险人造成的人身伤害承担保险责任，包括常见的交通事故、意外溺水、触电、摔伤、烧伤烫伤、高空坠物砸伤等。因此，意外险对每个人来说都必不可少。

意外险一般对猝死等与身体机能或疾病直接相关的死亡不承担保险责任，但部分保险公司在其综合意外险方案中另行增加了猝死保障，投保时也可以选择。鉴于意外险不保障猝死，我们可以在意外险之外投保寿险，寿险的保险责任包容性更强，其对死亡的原因不限于意外或者疾病。

根据《中华人民共和国保险法》（以下简称《保险法》）的规定，保险理赔中，客户这一方应当向保险公司提供其所能提供的与确认保险事故的性质、原因、损失程度等有关的证明和资料。具体到意外险中，相关证明和资料包括但不限于被保险人的病历、死亡医学证明书等。这些材料是确定被保险人受伤原因的重要证据，客户及保险公司双方均应认真对待。

《保险法》

第二十二条　保险事故发生后，按照保险合同请求保险人赔偿或者给付保险金时，投保人、被保险人或者受益人应当向保险人提供其所能提供的与确认保险事故的性质、原因、损失程度等有关的证明和资料。

保险人按照合同的约定，认为有关的证明和资料不完整的，应当及时一次性通知投保人、被保险人或者受益人补充提供。

三、购买意外险时的注意事项

（一）意外险是买一年期还是长期

按保险期间①分类，意外险可以分为一年期意外险、长期意外险与极短期意外险。

简单地说，交一年保一年，第二年不交保费就没有保障的，是一年期意外险。一年期意外险的保费不贵，一年两三百元就可以买到几十万元的身故／伤残保额，对于投保人来说，保费压力较小，确实做到了"花小钱赶走大担忧"，是每个人尤其是家庭支柱必备的保险。一般来说，购买了一年期意外险，如果一年内没有发生保险事故，保费不会返还。

保险期间为长期，如保 20 年、30 年，或者保到 70 岁、75 岁，甚至保终身的意外险，便是长期意外险，其交费年限以合同约定为准，一般有趸交（一次性交清保费）、5 年、10 年、20 年等交费期限可选。近年来，多家保险公司推出了返还型长期意外险，即如果没有发生意外事故导致赔付的，保险期间届满时，保险公司会把投保人所交的保费全部返还，相当于"有意外赔意外，没意外返保费"，保费资金不会损失，也免去了一年期意外险每年都要交费投保的麻烦。也正因如此，与一年期意外险相比，长期意外险的年交保费会相对高一些，大家可以根据自己的

---

① 保险期间：也称保险期限，指保险责任的起止期间。在此期间内，保险人对发生的保险事故承担保险赔付责任。

保费预算自由选择。

除了一年期意外险和长期意外险，还有一种极短期意外险，就是保险期间不足一年，往往只有几天、几小时甚至更短时间的意外险。像索道游客意外险、游泳池人身意外险等都属于极短期意外险。

（二）意外险的保额为多少合适

意外险的保额有三五十万元，也有上百万元甚至更多，保额的大小主要与个人的家庭责任和交费意愿相关。

一般来说，我建议家庭中的两位大人，尤其是家庭支柱，务必配置保额充足的意外险。毕竟意外险的保费低，普通职业的人100万元的身故保额，一年期意外险大约只需几百元的保费。风险无处不在，有了保险，万一家庭支柱发生意外，起码能留给家人一笔不菲的保险金，以保障他们的生活。

给孩子购买意外险，建议重点关注意外医疗责任。因为小孩贪玩多动，发生磕碰的概率较高，意外医疗险可以用于这种情况下的医疗费用报销。身故保额则不用太高，2015年中国保险监督管理委员会① 发布的《关于父母为其未成年子女投保以死亡为

---

① 中国保险监督管理委员会于2018年撤销，机构职能并入中国银行保险监督管理委员会，简称银保监会。2023年3月，中共中央、国务院印发的《党和国家机构改革方案》中明确：在中国银行保险监督管理委员会基础上组建国家金融监督管理总局，统一负责除证券业之外的金融业监管，作为国务院直属机构，不再保留中国银行保险监督管理委员会。由于本书引用的文件仍然有效，为了不引起读者的混淆，本书仍保留银保监会的称谓。

给付保险金条件人身保险有关问题的通知》（保监发〔2015〕90号）中规定，父母为未成年子女投保的人身保险的身故保额总额，不满10周岁的，不得超过20万元；已满10周岁但未满18周岁的，不得超过50万元，但航空意外、重大自然灾害意外不受此限。

　　针对家庭中的老年人，因为他们已经不再是家庭收入的主要来源，所负担的家庭责任较小，同时由于身体机能老化，磕碰、受伤的概率变大，所以，为老年人选择意外险时，也建议重点关注其中的医疗保障责任，身故保障责任不再是首要考虑因素。部分保险公司基于这种思路，推出了专门针对中老年人的意外险产品，投保时也可以考虑。

（三）所从事的职业对购买意外险有影响吗

　　意外险的投保与职业有很大关系。有过投保经历的读者可能知道，购买意外险时，保险公司会让客户确认从事何种职业或者职业的种类。这是保险公司根据既往的风险发生率，将被保险人的职业按危险程度进行的分类。目前，国内保险行业尚无统一的职业分类表，各家保险公司编制了自己的职业代码及分类表。常见的分类方式是按风险等级划分为6类职业，再加上拒保的职业，一共7个等级，每类职业中包含了各行各业风险相似的多种具体职业。职业风险等级从第1~6类递增，其中第1~3类属于低风险职业，大部分的意外险都能承保，第4类属于中风险职业，第5~6类属于高风险职业。

　　为避免理赔纠纷，建议消费者在投保时如实告知自己所从事的职业，保险公司会根据消费者的职业做出正常承保、加费承保或者拒保的核保结论。

关于自己所从事的职业到底属于第几类，可以在保险公司提供的职业类别中查询确认。如果在其职业类别明细表中找不到自己的职业，可以选择与自己工作内容接近的职业，或咨询保险公司的销售人员或客服。

保险公司的意外险产品中，大多会在投保须知中提示可投保的职业类别。一般来说，第1~3类职业可投保普通意外险，第4~6类高风险职业人群往往不符合普通意外险的投保要求。鉴于此，部分保险公司推出了有针对性的意外险产品，专供中高风险职业人群投保。

（四）购买了意外险，工作变更后需要告诉保险公司吗

是否告知保险公司，要看变更后职业的危险程度是否增加。

如果投保人购买意外险时，被保险人是办公室职员，后来被保险人跳槽到另一家公司，工作性质基本没变，这就意味着职业危险程度并没有增加，这类变更不需要告知保险公司。若拿不准变更后的职业危险程度是否增加，可以咨询保险公司客服。

如果工作是从办公室职员换成了外卖骑手、出租车司机等危险程度明显增加的职业，多数保险公司在合同条款中规定，这种情形的职业变更需要通知保险公司，由保险公司根据变更后的职业决定是加费继续承保还是解除合同。

如果职业危险程度增加，却没有告知保险公司，后来又发生了意外事故，保险公司就会降低赔付金额或者拒赔。因此，为确

保自己的意外险保障充足、避免理赔纠纷，建议保险消费者在职业变更后按照合同约定及时通知保险公司。

▶ 本节复盘

1.盘点自己及家人的意外险保单，算算总保额分别是多少，看看是否包含了意外医疗及意外住院津贴。

2.评估一下家庭成员的保额是否充足。

3.如果你投保的是一年期意外险，请关注保险期间并及时续保。

第二节 商业医疗保险：让保险公司为我们的医疗费用买单

商业医疗保险（以下简称医疗险），我的建议是人人必备！

每每看到微信朋友圈里有朋友转发众筹医疗费的信息时，我都会尽一点微薄之力，同时默默感叹：如果他/她买了比较充足的保险就好了，哪怕是一年几百元保费的医疗险呢。

如同意外险一样，医疗险也是购买门槛比较低的保险，尤其是现在市场上颇受欢迎的"百万医疗险"，一年几百元的保费，便可获得上百万元的医疗费用保障。在遭遇意外或者大病需要支付高额医疗费用时，这类医疗险真的可以有效地转移风险，降低损失，防止一个个家庭"因病返贫"。为了家人，也为了自己，我们应当趁着身体健康时，尽早投保医疗险和重疾险（将在下一节详细叙述）这类健康保险。为什么说要尽早呢？因为这类健康保险不是什么时候想买就能买的。

一、医疗险保什么

顾名思义，医疗险，就是可以报销医疗费用的保险。专业一点说，医疗险是以保险合同约定的医疗行为发生为给付保险金条件，并按约定对被保险人接受诊疗期间的医疗费用支出提供保障的健康保险。

这种针对医疗费用的保险属于费用补偿型的，也就是大家常说的"报销型"。它以实际支出的医疗费用为限进行赔付。所以，即便购买了多份医疗险，针对同一医疗行为，也不能叠加报销而获得高出实际费用支出的保险赔付。

如果购买了多份报销型医疗险，被保险人可以自主决定理赔申请的顺序。

二、已有医保，是否还需再买医疗险

关于"已有医保，是否还需再买医疗险"的问题，我的回答是：建议买！

医保是国家建立的基本医疗保障，包含职工基本医疗保险和城乡居民基本医疗保险[①]，医保的人员覆盖范围极广，截至 2021 年年底，基本医疗保险参保人数达 136424 万人，参保覆盖面稳

---

① 城乡居民基本医疗保险：由原城镇居民基本医疗保险和新型农村合作医疗整合统一而成。国家医疗保障局、财政部在《关于做好 2019 年城乡居民基本医疗保障工作的通知》（医保发〔2019〕30 号）中要求城镇居民基本医疗保险制度和新型农村合作医疗制度尚未完全整合统一的地区，于 2019 年年底前实现前述两项制度并轨运行向统一的城乡居民医保制度过渡。

定在 95% 以上①；同时，医保对参保人没有身体健康状况的要求，即便是曾经患病或者已经患病的人也可以参保。医保具有基础性和福利性的特点，是国家为减轻人民群众就医负担、增进民生福祉、维护社会和谐稳定所做的重大制度安排。

正是基于医保"广覆盖、保基础"的特点，医保在报销上有"起付线"和"封顶线"的限制，同时，参保人必须在定点医疗机构就医，所使用的药品、诊疗项目以及医疗服务设施均须符合医保目录的要求，即大家所称的"三个目录"。这就决定了医保只能满足参保人的基本医疗需求，许多医保不能覆盖的费用支出，需要参保人自己承担。

（一）什么是医保的"三个目录"

国家医保局在其官方微信公众号发布了"医保政策问答"系列文章，以问答形式通俗直观地介绍了大众关心的各项医保政策问题。其中，对医保"三个目录"的解读如下：

由于医保基金有限，不可能覆盖所有的医疗需求，因此为保障参保人员的基本医疗需求，合理控制医疗费用支出，规范基本医疗保险用药及诊疗等方面的管理，保证基本医疗保险制度的健康运行，医疗保障部门规定了基本医疗保险对药品、诊疗项目和医疗服务设施的报销范围，俗称"三个目录"。参保人员使用

---

① 国家医疗保障局. 2021 年医疗保障事业发展统计快报 [R/OL]. (2022-03-04)[2022-03-30].http://www.nhsa.gov.cn/art/2022/3/4/art_7_7927.html.

药品、发生诊疗项目或使用医疗服务设施发生的费用，如果属于
"三个目录"内的，可以按规定进行报销；如果不属于"三个目
录"内的，医保不予报销。

医保药品目录中的药品还分"甲类"和"乙类"，两个分类
的药品在计算报销金额时，纳入报销范围的比例也不同。

医保药品目录内的甲类药品是临床治疗必需、使用广泛、
疗效好，同类药品中价格较低的药品。参保人使用这类药品时，
可以全额纳入报销范围，按规定比例报销。乙类药品是可供临
床治疗选择使用、疗效好，同类药品中比甲类药品价格高的药
品。参保人使用乙类药品时，要先按比例（各地不同）扣除一
定的个人自付费用后，将余下费用再纳入报销范围，按规定比
例报销。①

目前常见病、多发病的主要治疗用药都已纳入医保药品目
录。一般来说，挂号费、出诊费、检查治疗加急费、点名手术
附加费等诊疗项目暂未列入医保诊疗项目；住院床位费及门诊
留观床位费在医保的医疗服务设施目录内，由医保报销；救护
车费、空调费、陪护费以及膳食费等不在医保支付的医疗服务

① 国家医疗保障局. 医保政策问答（二）| 一图读懂医保待遇及报
销 [EB/OL].(2020-03-04)[2022-03-30].https://mp.weixin.qq.com/s/
UKZihvRZi6O3T7kSGswLzg.

设施目录内①。

（二）什么是医保的起付线和封顶线

起付线是指医保基金的起付标准，参保人在定点医疗机构实际发生的"三个目录"内的医疗费用，在起付线以下的部分，须由参保人自己承担；起付线以上的部分，才能由医保基金按规定比例报销。由于地区、医疗机构、门诊或住院等情况不同，起付线的标准也不相同，有几百元到一千多元不等。

封顶线是指医保基金的最高支付限额，也就是参保人在一个年度内累计能从医保基金获得的最高报销金额。超出封顶线的医疗费用，也要由参保人自己承担。

即便是在起付线与封顶线之间，仍有一部分费用需要参保人自己承担，即医保"三个目录"以外的自费内容及医保按规定比例报销后的自付部分。

---

① 对于诊疗项目及医疗服务设施，原劳动和社会保障部等部委出台的《关于印发城镇职工基本医疗保险诊疗项目管理、医疗服务设施范围和支付标准意见的通知》（劳社部发〔1999〕22号）采用排除法分别规定了医保不予支付费用和支付部分费用的范围。在此基础上各省（区、市）根据医疗技术发展、基金运行等实际情况，采取排除法或准入法确定了本地的诊疗项目和医疗服务设施项目目录。

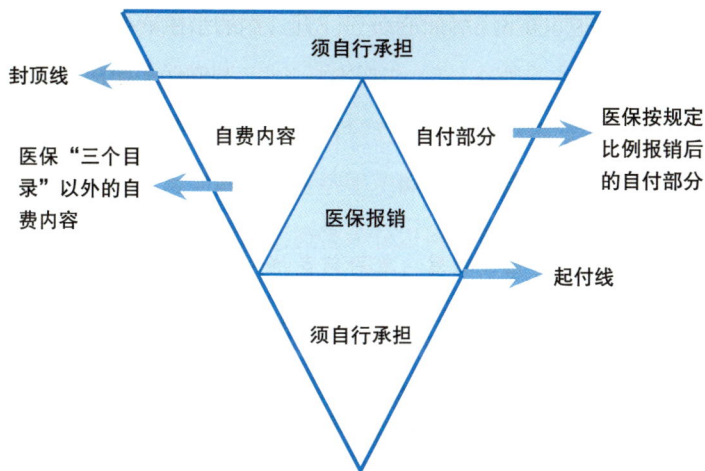

医保报销承担比例示意图

综上，医保是我们首先应当参加的保险，它由国家兜底，可以保障我们的基本医疗需求。但医保报销下有起付线，上有封顶线，还有必须在定点医疗机构就诊、符合医保目录及报销比例等规定，并不能覆盖全部的医疗费用支出。因此，我们非常有必要将医疗险作为补充，用于覆盖医保不能报销的部分。同时，部分医疗险还可以提供诸如重疾就医绿色通道、住院押金或费用垫付、多学科专家会诊等增值服务，提升消费者的就医体验。

三、常见的医疗险类型

目前市场上的医疗险种类颇多，从名称上看有"综合医疗险""百万医疗险""住院保""防癌医疗险"等。无论名称是什么，医疗险的本质都没有改变——对医疗费用的保障。我们看病，要么去门诊，要么住院，所以，这些医疗险，按种类来分，可以分为门诊医疗险和住院医疗险；按期限来分，可以分为短期医疗险和长期医疗险；按保障范围是否突破医保目录、是否包含各种医疗增值服务来分，可以分为普通医疗险、中端医疗险和高端医疗险。

（一）门诊医疗险和住院医疗险

门诊医疗险，可以报销感冒发烧、磕碰擦伤等小病小伤的门诊费用，保额一般不高，常见的保额多在几千元。市场上不同的门诊医疗险产品会有较大的差异，比如，有的会设置几百元的免赔额，有的则不设置免赔额；有的会限制医保目录内，有的则不限制医保目录内；有的全额报销，有的则报销一定比例，如只能报销 80%、90% 等。

住院医疗险，可以报销因疾病或意外住院产生的住院费用。与门诊医疗险一样，不同的产品对于免赔额、是否限医保目录内、报销比例等会有不同的规定。

保险消费者要知道，不同的保险产品具有不同的保障功能。有不少消费者常常认为，买了一份医疗险，只要看病花钱了，保险就都能赔，到理赔时才发现自己买的保险是只赔门诊费或者只赔住院费，又或者只赔意外医疗费而不赔疾病医疗费。这样难免会引发理赔纠纷，进一步增加消费者对保险的误解。所以，市面上不少医疗险把门诊和住院、意外医疗和疾病医疗放在了同一个保险方案中供客户投保。

（二）短期医疗险和长期医疗险

短期医疗险是保险期间为一年及一年以下，且不含有保证续保条款的医疗险。我们可以简单理解为，这种医疗险最多只能保一年，保险期满后想再保的话，需要重新向保险公司申请投保，保险公司再次就被保险人的年龄、健康等情况进行审核，核保通过后，才能获得新的医疗保障。

长期医疗险是保险期间超过一年，或者保险期间虽不超过一年但含有保证续保条款的医疗险。

短期医疗险和长期医疗险的主要区别如下表所示。

短期医疗险和长期医疗险的主要区别

项目	短期医疗险	长期医疗险
保险期间	保险期间不超过一年，且无保证续保条款	保险期间超过一年，或保险期间虽不超过一年但有保证续保条款
续保问题	保费交一年保一年，续保须审核	保证续保期限内，可自动续保；保证续保期限届满后再续保的，须审核

市场上较受欢迎的百万医疗险，最开始主要是一年期的，后来多家保险公司推出了保险期间虽是一年但保证续保六年的产品。2020 年，银保监会办公厅在《关于长期医疗保险产品费率调整有关问题的通知》（银保监办发〔2020〕27 号）中表示："为进一步满足人民群众日益增长的健康保障需求，丰富医疗保险产品供给，鼓励保险公司开发销售长期医疗保险产品。"于是，多

家保险公司陆续推出保险期间为一年但保证续保 20 年的医疗险产品。

所谓"保证续保条款",是指在前一保险期间届满前,投保人提出续保申请,保险公司必须按照原条款和约定费率继续承保的合同约定①。

以保证续保 20 年为例,它的意思是虽然保险期间是一年,但合同写了保证续保 20 年,那么只要在这 20 年的保证续保期间内,哪怕被保险人得过病、住过院,只要投保人提出续保申请,保险公司就必须继续承保。

可见,如果从能否持续获得保障的角度来考虑,与只保一年的短期医疗险相比,有保证续保条款的、保证续保期限长的长期医疗险会更让人放心。

市场上刚出现保证续保 20 年的医疗险时,有很多朋友咨询我,是否应当把现有的百万医疗险赶紧换成保证续保 20 年的。对于这个问题,在我看来,若是特别关注长期保障,看到保证续保条款写到合同里才放心的人,不妨趁着目前年龄和身体状况符合投保条件,尽早选一款保证续保 20 年的医疗险投保;若健康状况已不符合多数医疗险的投保要求,那么现在已经拥有的保险,哪怕是仅保证续保 6 年,也要"且有且珍惜"。

---

① 摘自《健康保险管理办法》(中国银行保险监督管理委员会令 2019 年第 3 号)第四条。

需要注意的是，保证续保 20 年的医疗险，其产品名称后面往往标注了"费率可调"四个字，这是因为保险公司在这个较长的期限内，可能会面临实际赔付情况变化、医疗费用通胀以及国家医保政策发生重大变化等情况，因此银保监会允许其对保险费率进行调整，但要在产品名称中加入"×× 医疗保险（费率可调）"字样以提示消费者。也就是说，我们买了可以保长期的医疗险，虽然不用担心在此期间因为身体状况的变化而失去医疗保障，但是需要接受保险公司可以调整保费的这个现实。鱼与熊掌常不可兼得，既然获得了长期保障，那么付出一点保费波动的代价也是值得的。

我认为，对于长期医疗险费率调整的问题，消费者无须过于担心。保险公司并不能随意调整长期医疗险的费率。《关于长期医疗保险产品费率调整有关问题的通知》中对保险公司调整长期医疗险费率的问题做了诸多规范，如要求保险公司不得针对单个被保险人的身体状况实行差别化费率调整；不得超过合同条款约定的费率调整上限；同时要求首次费率调整时间不早于产品上市销售之日起满 3 年，且每次费率调整的时间间隔不得短于 1 年。

（三）普通医疗险、中端医疗险和高端医疗险

普通医疗险、中端医疗险和高端医疗险的划分，主要是根据医疗险的保费、保障范围、附加服务等来做的。目前并没有具体、详细的标准来界定哪种是普通医疗险，哪种是中端医疗险或高端医疗险。

1. 普通医疗险

一般来说，保费相对平价，绝大多数客户有购买意愿及能力的医疗险，可以统称为"普通医疗险"。例如，前文介绍的主要解决因小病小伤而产生的门诊费用、住院费用的医疗险。这类医疗险的优点是保费便宜，理赔频率较高，有零免赔额或者较低的免赔额，主要解决生活中小额医疗费用的报销问题；缺点是保额较低，常见的有 5000 元、1 万元、2 万元等，且多数只能报销医保范围内的费用，就诊医院通常限定为国内二级或二级以上公立医院普通部。

2. 中端医疗险

这里的中端医疗险主要是指百万医疗险。近几年，百万医疗险颇受欢迎。因为它的保费也不贵，几百元即可获得年度一两百万元甚至更多的医疗费用保障额度，而且不限医保用药，还可以提供一些基础性的附加服务，比如就医绿色通道、健康咨询等。诊疗机构通常限定为国内二级或二级以上公立医院普通部以及合同认可的其他医疗机构，但基于特需医疗、国际医疗等高端医疗产生的费用，一般不在此类百万医疗险的保障范围内。

正是因为这类百万医疗险能够实现"小保费、大保额"的目的，性价比极高，所以其免赔额相对较高，多数产品约定免赔额为 1 万元。这就决定了百万医疗险主要是用来解决大额医疗支出的问题。

归根结底，我们购买保险的目的在于转移自己不能承受的较大风险。小病小伤的医疗费用尚在普通家庭的承受范围内，多数家庭害怕的是因病或者因伤发生大额医疗费用支出，导致家庭的经济状况一落千丈。因此，我建议人手一份百万医疗险。

3. 高端医疗险

高端医疗险的优点在于：低免赔，高保额，保障范围广，不受医保用药限制；就诊医院不限于国内二级或二级以上公立医院普通部，在特需部、国际部、私立医院，甚至部分指定的海外医院产生的治疗费用也在保障范围内。同时，多数高端医疗险还提供诸如医疗费用垫付/直付、境外就医服务安排、全球紧急救援等增值服务，客户的体验较好。正因如此，这类高端医疗险的保费会比较贵，年交保费上万元是很正常的，它针对的人群主要是高净值人士。

除了以上三组常见的医疗险分类外，还有针对特定人群或特定病种的医疗险。比如，专门面向中老年群体的"中老年医疗险"、针对牙齿保健和治疗的"齿科医疗险"以及针对恶性肿瘤的"癌症医疗险"等。

四、购买医疗险时的注意事项

至于应该购买哪一种医疗险，我个人的意见是：对于大多数客户来说，百万医疗险是必备的，它能用小保费解决大额医疗费用支出的问题。鉴于多数百万医疗险规定了1万元的免赔额，对于未能达到百万医疗险报销起点的小额医疗费用支出，可以通过年度保额一两万元的普通医疗险来弥补。高端医疗险能够提供更全面的保障和更周到的服务，其年交保费相对较高，适合高净值人群。

大家在购买医疗险时应关注以下三个问题。

（一）重视投保时的健康告知

有过投保经历的消费者都知道，投保人在买保险时要就保险公司的询问进行告知，其询问的事项包括既往病史、住院经历、近期身体有无异常以及有无抽烟喝酒习惯等。保险公司会根据投保人告知的内容做出保或不保，正常承保或加费承保、除外责任承保的结论。

医疗险的告知项目相对较多，如果健康状况的确有异常，建议投保人如实告知。如果刻意隐瞒、不履行如实告知义务，将来申请理赔时，保险公司在理赔调查中发现投保人隐瞒了某项较重的疾病或住院史，保险公司可以解除合同进而不予理赔。

注意，这里的告知是指保险公司问什么投保人就回答什么，保险公司没有问的，投保人无须告知。比如，投保单[①]中询问了"被保险人目前或过往是否患有下列疾病或症状：良／恶性肿瘤、结节、包块、肿块、二级以上高血压（收缩压大于160mmHg，舒张压大于100mmHg）……"，如果被保险人确实有高血压，但被医生诊断为一级高血压，那么这个情况就不需要告知。

---

① 投保单是指投保人向保险人申请订立保险合同的书面要约。

（二）关注续保条款

购买医疗险这种保障型保险，图的就是保障及保障的稳定性。如果今年生病住院理赔了，第二年因为身体状况变差或者因为有住院史，保险公司就不再给续保了，或者这款产品中途停售，消费者想买但买不了了，这是非常让人糟心的事情。因此，我个人建议最好购买含保证续保条款的长期医疗险。

某些短期百万医疗险，虽然保险期间是一年且没有保证续保条款，但若其在条款中说明"不会因为某一被保险人的健康状况变化或历史理赔情况而单独调整该被保险人的续保费率或拒绝被保险人续保"的，那就意味着它的续保条件还可以；若它同时是销量较大的"网红"百万医疗险，其统一停售导致不能续保的概率相对较小，大家基于其保费、保障内容等方面的考虑，选择投保或继续保留也是可以的。

（三）选择合同约定的医院就诊

买了医疗险后，并不是到任何医院就诊都可以理赔的。医疗险对就诊的医院是有要求的，若去了合同约定以外的医院就医，相应的医疗费用将无法获得赔付。大家可以查看保险合同或者投保时的投保须知，上面会提示就诊医院的范围。

多数的医疗险，如普通的小额医疗险或者部分百万医疗险，其限定就诊医院必须是二级或二级以上公立医院普通部，也有一些不限于公立医院，只要是医保定点医院普通部即可；高端医疗险对医院的要求会更宽泛，往往不限于公立医院。

下图为市场上两款医疗险的合同条款中关于医院的说明。

医院	医院
中华人民共和国境内（港、澳、台地区除外）合法经营的二级以上（含二级）公立医院的普通部（不包含公立医院的特需医疗、外宾医疗、干部医疗等），不包括疗养院、护理院、康复中心、戒酒或戒毒中心、精神心理治疗中心以及无相应医护人员或设备的二级或三级医院的联合医院或联合病房。 **注：本款医疗险限医院为二级及二级以上医保定点医院普通部**	中华人民共和国境内（港、澳、台地区除外）国务院卫生行政主管部门医院等级分类中的二级或二级以上的基本医疗保险规定的定点医院普通部（不包含其中的特需医疗、外宾医疗、干部医疗等），不包括以康复、护理、疗养、戒酒、戒毒、精神心理治疗中心或者类似功能为主要功能的医疗机构。该医院必须具有系统的、充分的诊断设备，全套外科手术设备及提供二十四小时的医疗或护理服务。 **注：本款医疗险限医院为二级及二级以上公立医院普通部**

市场上两款医疗险的合同条款中关于医院的说明

为了避免理赔纠纷，我建议大家就医时选择符合合同条款约定的医院。若实在不能确定就诊的医院能否报销，可以联系保险公司予以确认，也可以通过"国家卫生健康委员会"官网上"全国医疗机构查询"通道或卫健委公众号"健康中国"查询医院等级（注意，此查询结果仅显示医院等级，不显示是公立还是私立）。

对于就医必须到保险合同约定的医院这一问题，我们要理性看待，不能主观地认为保险公司限定医院就是不想理赔。众所周知，与公立医院相比，不少私立医院在服务上相对更贴心周到，但私立医院的质量参差不齐，有经营规范、医疗质量非常好的，也有存在过度检查、过度治疗以及乱收费、高收费现象的，甚至还有一些私立医院曾参与骗保行为。保险合同中约定的医院多是比较正规的医疗机构，无论是内部管理还是医疗水平都更有保证，这对患者来说也是一种保障。

大家可能会想，在脑梗死或意外受伤等突发情况下，时间就是生命，这时候肯定是哪个医院近就去哪个医院，如果正好那家医院不在保险合同约定的范围内，保险公司因此拒赔，岂不是不通情理？

关于这种情形，法律规定了"紧急情况除外"这一规则。

《保险法司法解释（三）》

第二十条　保险人以被保险人未在保险合同约定的医疗服务机构接受治疗为由拒绝给付保险金的，人民法院应予支持，但被保险人因情况紧急必须立即就医的除外。

也就是说，因紧急情况必须就医的，即便所就诊的医疗机构不在保险合同约定的范围内，保险公司也应当承担相应的赔付责任。当然，若经紧急治疗，病情或伤情稳定后能够进行转院治疗的，建议转至符合合同条款约定的医院进行后续治疗。

▶ **本节复盘**

1.你认为有了医保后，还需要投保商业医疗险吗？

2.盘点一下你和家人的医疗险，看看免赔额及保额分别是多少。

3.你和家人是否投保了百万医疗险？若无，建议关注该类保险并及时投保。

第三节 重大疾病保险：弥补收入损失，避免因病返贫

重大疾病保险（以下简称重疾险），是以保险合同约定的疾病发生为给付保险金条件的健康保险。与报销型的医疗险不同，重疾险是给付型的，它的理赔不是因为实际支出了医疗费用，而是因为合同约定的疾病"发生"了。所以，如果投保了重疾险，经医院诊断初次发生了合同约定的疾病，那么保险公司就应当给付保险金，被保险人可以自由选择将这笔保险金用到治疗上，还是用到术后康复、家庭生活甚至旅游散心上，均与保险公司无关。

一、买了医疗险，还有必要再买重疾险吗

有必要。

我们知道，医疗险是对医疗费用的报销，但一旦发生重疾，消耗的不只是医疗费用，往往还有较长的康复期间的康复及护理费用、工作中断导致的收入损失等，这些费用，基本医保也好，商业医疗险也罢，都不能覆盖。可是，生活却从不因为生病而暂

停，车贷、房贷、子女教育、赡养老人等各项支出仍在继续，这些钱从哪里来？此种情形下，重疾险的赔偿金便可以起到帮助家庭渡过难关的作用。

从这种意义上讲，重疾险起到了在被保险人发生重疾的情形下弥补其收入损失的作用。

医疗险和重疾险的对比

项目	医疗险	重疾险
保险责任	门诊／住院医疗费用	合同约定的重度、轻度／中度疾病
保险期间	以短期为主，常见的有 1 年，长期可选保 6 年、20 年等	以长期为主，可选保到 70 岁或保终身等
赔付方式	以保额和实际发生的医疗费为限进行报销	一次性定额给付，保额越高，赔付就越多
保费	年龄越大，保费越贵	与年龄、交费期限、保额等相关
保险金用途	报销医疗费	保险金可用于医疗费支出、康复护理、补偿收入损失等

二、重疾险能保障哪些疾病

根据我的经验，以下两个问题是初次接触重疾险的人非常关心的：

（1）保险公司会不会主要保那些发生概率不高的疾病？

（2）合同条款是保险公司提供的，保险公司会不会把条款写得很苛刻，这样一来，赔不赔就可以由它们说了算？

针对这两个问题，我的回答如下：

各家保险公司卖的重疾险，保哪些疾病、不保哪些疾病、关于疾病的定义怎么界定，并非全由保险公司说了算。也就是说，重疾险的保险合同不是保险公司想怎么写就怎么写的。

为了更好地规范市场行为，保护消费者权益，中国保险行业协会与中国医师协会于 2007 年联合发布了《重大疾病保险的疾病定义使用规范》（以下简称旧规范）；随着医学临床诊断标准和医疗技术的不断发展与革新，旧规范中的部分内容已不能满足当前行业发展和消费者的需求，在银保监会指导下，中国保险行业协会联合中国医师协会对旧规范进行了修订，形成《重大疾病保险的疾病定义使用规范（2020 年修订版）》（以下简称新规范，旧规范和新规范统称为"重疾规范"）。

重疾规范的作用在于对重大疾病保险中病种的名称和定义进行了统一，保险公司的重疾险条款必须使用重疾规范中各项疾病的名称和定义。旧规范规定了 25 种重大疾病；新规范规定了 28 种重度疾病和 3 种轻度疾病，共 31 种重大疾病。其中，前 6 种重疾是各家保险公司的重疾险产品必须包含的疾病。也就是说，如果一家保险公司想要将产品命名为"重大疾病保险"，就必须保前 6 种重疾。如果只保其中一种或者几种，就不能叫"重大疾病保险"。

重疾规范中前 6 种必选的重疾

序号	旧规范	新规范
1	恶性肿瘤	恶性肿瘤——重度
2	急性心肌梗塞	较重急性心肌梗死
3	脑中风后遗症	严重脑中风后遗症
4	重大器官移植术或造血干细胞移植术	重大器官移植术或造血干细胞移植术
5	冠状动脉搭桥术（或称冠状动脉旁路移植术）	冠状动脉搭桥术（或称冠状动脉旁路移植术）
6	终末期肾病（或称慢性肾功能衰竭尿毒症期）	严重慢性肾衰竭

　　重疾规范中的前 6 种重疾，其实已经覆盖了绝大多数高发疾病。

　　我们来看几组数据就能明白了。《平安人寿 2021 年理赔年报》显示，2021 年全年重大疾病赔付件数 25 万件、赔付金额 210 亿元，重大疾病赔付原因排名前三位及其赔付占比分别是：恶性肿瘤 70%、急性心肌梗死 8%、脑中风后遗症 4%。这 3 种疾病在重疾规范的前 6 种重疾中已占到重疾总赔付的 82%。《2021 年阳光人寿理赔年度报告》显示，个人客户理赔重疾赔付件数为 11093 件、赔付金额为 128343 万元，其中，重大疾病赔付原因排名前四位及其赔付占比分别为：恶性肿瘤 75.24%、急性心肌梗塞 5.52%、脑中风后遗症 3.92%、终末期肾病 2.20%。这 4 种疾病在重疾规范的前 6 种疾病中，合计赔付金额占到重疾总赔付的 86.88%。

目前市场上销售的重疾险使用的都是新规范的疾病名称和定义，而且基本都包含了新规范中列明的 28 种重度疾病。需要特别说明的是，如果保险公司的重疾险产品还保障轻度疾病，那么就必须保障新规范中增加的 3 种轻度疾病："恶性肿瘤——轻度""较轻急性心肌梗死"与"轻度脑中风后遗症"；如果保险公司的重疾险产品本来就不保障任何轻度疾病，那么也可以不保前述 3 种轻度疾病。我们看到不少的重疾险产品都会宣传其保障的病种多达 80 种、100 种甚至更多，这是因为在新规范规定的 31 种重大疾病之外，各家保险公司还可以另外增加一些疾病列在其合同条款中。比如，有的保险公司的重疾险产品还保障严重原发性心肌病、严重类风湿性关节炎等。

新规范中统一定义的 28 种重度疾病和 3 种轻度疾病

重疾种类	疾病名称
必选重度疾病（6种）	1.恶性肿瘤——重度；2.较重急性心肌梗死；3.严重脑中风后遗症；4.重大器官移植术或造血干细胞移植术；5.冠状动脉搭桥术（或称冠状动脉旁路移植术）；6.严重慢性肾衰竭
可选重度疾病（22种）	1.多个肢体缺失；2.急性重症肝炎或亚急性重症肝炎；3.严重非恶性颅内肿瘤；4.严重慢性肝衰竭；5.严重脑炎后遗症或严重脑膜炎后遗症；6.深度昏迷；7.双耳失聪；8.双目失明；9.瘫痪；10.心脏瓣膜手术；11.严重阿尔茨海默病；12.严重脑损伤；13.严重原发性帕金森病；14.严重Ⅲ度烧伤；15.严重特发性肺动脉高压；16.严重运动神经元病；17.语言能力丧失；18.重型再生障碍性贫血；19.主动脉手术；20.严重慢性呼吸衰竭；21.严重克罗恩病；22.严重溃疡性结肠炎

续表

重疾种类	疾病名称
轻度疾病（含轻度疾病保障的，这3种必选）	1.恶性肿瘤——轻度；2.较轻急性心肌梗死；3.轻度脑中风后遗症
其他疾病	保险公司可自行添加

综上，重疾险产品保哪些疾病，不是全由保险公司说了算的，它必须包含新规范所要求的高发疾病。这些高发疾病到底如何界定，也不能由保险公司自己任意定义，保险公司必须使用新规范中所列明的28种重度疾病及3种轻度疾病的疾病名称和定义，不得修改或自行编制。需要特别说明的是，新规范中有6种疾病的定义是允许保险公司进行微调的，包括双耳失聪、双目失明、语言能力丧失以及严重阿尔茨海默病、严重原发性帕金森病、严重运动神经元病。如果保险公司对这6种疾病仅承担被保险人在某年龄之后或之前的保障责任，也可以，但是需要在疾病定义中明确说明。

除此之外，各家保险公司还可以另行增加病种，以更好地满足消费者的需求，但是这些由保险公司自定义的病种，由于没有行业统一规范的病名及定义，所以不同保险公司的不同重疾险产品中，其名称、定义和理赔条件也不相同。

三、重疾险是确诊就能赔吗

为了让客户更好地区分重疾险和医疗险，有的销售人员会简单介绍说"医疗险是报销医疗费的，需要凭发票理赔；重疾险不管治或不治，确诊就赔"，但其实这种说法并不准确。重疾中的高发疾病"恶性肿瘤——重度"，占到重疾险赔付原因的 70% 左右 [1]，它的赔付条件是"确诊"，不过重疾险所保障的各种疾病，并非全都是"确诊即赔"。比如，"重大器官移植术或造血干细胞移植术"这种疾病，需要实施了肾脏、肝脏、心脏、肺脏或小肠的异体移植手术才符合理赔条件；"严重慢性肾衰竭"需要达到 5 期，且确诊后需要进行至少 90 天的规律性透析治疗才能理赔。

准确地说，重疾险的赔付前提是被保险人初次发生了合同约定的重疾。因此，我认为把"确诊即赔"改为"发生合同约定的疾病即赔"更为恰当。

总的来说，新规范及各家保险公司的重疾险条款中关于重疾的赔付标准，基本可以分为以下三类。

（一）确诊即赔的，如恶性肿瘤

比如，新规范中关于"恶性肿瘤——重度"的界定：

---

[1] 恶性肿瘤是高发疾病，也是重疾险理赔中的首要理赔疾病。例如，《中国人寿 2021 年寿险理赔服务年报》显示，2021 年重疾赔付约 40 万件，给付金额 163 亿元，其中，恶性肿瘤是重大疾病最主要的赔付原因，占到重疾赔付的 75%；《平安人寿 2021 年理赔年报》显示，全年赔付件数 25 万件，全年赔付金额 210 亿元，其中，恶性肿瘤是重大疾病赔付的首要原因，占到 70%。

指恶性细胞不受控制的进行性增长和扩散，浸润和破坏周围正常组织，可以经血管、淋巴管和体腔扩散转移到身体其他部位，病灶经组织病理学检查（涵盖骨髓病理学检查）结果明确诊断，临床诊断属于世界卫生组织（WHO，World Health Organization）《疾病和有关健康问题的国际统计分类》第十次修订版（ICD-10）的恶性肿瘤类别及《国际疾病分类肿瘤学专辑》第三版（ICD-O-3）的肿瘤形态学编码属于3、6、9（恶性肿瘤）范畴的疾病。下列疾病不属于"恶性肿瘤——重度"，不在保障范围内：……

（二）实施了某种手术的，如重大器官移植术或造血干细胞移植术

比如，新规范中关于"重大器官移植术"的界定：

指因相应器官功能衰竭，已经实施了肾脏、肝脏、心脏、肺脏或小肠的异体移植手术。

再比如，关于"造血干细胞移植术"的界定：

指因造血功能损害或造血系统恶性肿瘤，已经实施了造血干细胞（包括骨髓造血干细胞、外周血造血干细胞和脐血造血干细胞）的移植手术。

（三）达到某种状态的，如严重慢性肾衰竭

比如，新规范中关于"严重慢性肾衰竭"的界定：

指双肾功能慢性不可逆性衰竭，依据肾脏病预后质量倡议（K/DOQI）制定的指南，分期达到慢性肾脏病 5 期，且经诊断后已经进行了至少 90 天的规律性透析治疗。规律性透析是指每周进行血液透析或每天进行腹膜透析。

新规范中 31 种重大疾病的理赔条件分类

种类	第 1 类 确诊即赔的	第 2 类 实施了某种手术的	第 3 类 达到某种状态的
轻度 疾病	恶 性 肿 瘤 ——轻度	—	• 较轻急性心肌梗死 • 轻度脑中风后遗症
重度 疾病	• 恶性肿瘤——重度 • 多个肢体缺失 • 严重Ⅲ度烧伤	• 重大器官移植术或造血干细胞移植术 • 冠状动脉搭桥术（或称冠状动脉旁路移植术） • 严重非恶性颅内肿瘤（注：需实施放射治疗或开颅切除手术） • 心脏瓣膜手术 • 主动脉手术 • 严重溃疡性结肠炎	• 较重急性心肌梗死 • 严重脑中风后遗症 • 严重慢性肾衰竭 • 急性重症肝炎或亚急性重症肝炎 • 严重慢性肝衰竭 • 严重脑炎后遗症或严重脑膜炎后遗症 • 深度昏迷 • 双耳失聪 • 双目失明 …………
总计	4 种	6 种	21 种

四、重疾险的保额买多少合适

重疾险的保额应该买多少，30 万元、50 万元还是 200 万元？要想回答这个问题，主要考虑两个因素：自己的家庭责任和保费支付能力。

众所周知，一旦罹患重大疾病，不仅需要高昂的治疗费用，还会因为治疗以及康复休养导致收入中断。家庭支柱是生活费用、子女教育、房贷、车贷等家庭开支的主要来源，一旦患病导致收入中断，其家庭生活将骤然陷入困境。因此，消费者要结合自己对家庭的经济责任大小来确定重疾险的保额。我个人建议，保额至少应覆盖被保险人 3~5 年的收入，比如年收入 15 万元，那么重疾险的保额应当在 45 万元~75 万元较为合适。

当然，保费支付能力也是影响重疾险的保额的重要因素。如果每月除去房贷、生活开支之后，钱款已经所剩无几，此时每年还要交上万元的重疾险保费（如果是夫妻二人的话，保费还需要翻倍），压力颇大。这种情况下，消费者可以考虑购买定期重疾险 [1]

① 根据保障期限来划分，重疾险可分为终身重疾险（活到多少岁，保到多少岁）与定期重疾险（如保 20 年、保到 60 岁等）。与终身重疾险相比，定期重疾险因其保障的时间确定或相对较短，同一被保险人所需的保费往往低于相同保额的终身重疾险。当消费者的保费预算不多时，可以考虑购买定期重疾险。

或者消费型重疾险①；也可以考虑剔除轻度疾病或其他附加保障，重点保留重度疾病本身的保障，因为治疗轻度疾病一般需要几万元左右，大多数家庭基本能承受，不会因为罹患轻度疾病导致家庭因病返贫。

以上做法是预算实在有限时退而求其次的选择，根本目的在于用有限的钱解决最主要的问题。

▶ **本节复盘**

1. 盘点自己及家人的重疾险保单，算算总保额分别是多少。
2. 评估一下家庭成员的重疾保额是否充足。

---

① 重疾险常见的投保组合是寿险附加提前给付重大疾病保险，对于这种投保方式，保险公司同时提供了重疾和身故的保障责任，我们一般把这类重疾险称为"储蓄型重疾险"。与此相对应的，消费型重疾险是指仅含重疾保障不含身故保障的保险方案。如果保险合同期内被保险人没有因发生重疾而获得赔付，保险期间届满或被保险人身故时，这份保单没有资金返还，相当于"消费"掉了，当然，消费型重疾险也有返还所交保费或现金价值的，具体依不同产品的条款而定。正因其无身故保障的特点，所以在同等条件下，与含身故责任的储蓄型重疾险相比，消费型重疾险的保费更低，可作为消费者保费预算不足时的投保选择。

第四节 人寿保险：爱和责任的延续

两年前，一位朋友突然打电话问我交通事故中死亡赔偿金的计算方法以及起诉的相关事宜。原来，她的哥哥在一起交通事故中身亡，遗憾的是，肇事车辆没有投保商业第三者责任保险，且对方经济条件一般，对于高额的赔偿金恐怕难以支付。我帮她计算死亡赔偿金等相关赔偿费用后列了个表发给她，并提示了纠纷处理注意事项。

后来，我再次询问事件进展时，朋友说肇事方目前确实无力支付赔偿金，四处筹借凑了 20 万元，其余款项尚未支付。这次谈话中我了解到，朋友的哥哥有两个孩子，一个在读小学，另一个在读初中，嫂子为了多陪伴、照顾孩子，所以辞职在家。朋友的父母快 70 岁了，身体尚可，暂时不需要子女帮衬，但因为与哥哥同住在老家县城，平时哥嫂照顾得比较多。哥哥开了一家五金杂货商铺，是全家的收入来源，那次事故就是在关店回家的路上发生的。

一家之主突然离世，全家陷入悲痛，同时面临着接下来该如何继续生活的问题。嫂子对五金店的经营状况一点都不了解，店铺开不下去了，再回工作岗位需要时间适应，收入也不可能一下子提高；两个孩子的学费、培训费用、房贷、双方老人的赡养以及接下来大概率会发生的疾病治疗费用，都是必需且急迫的。20万元的赔偿金以及家里不多的积蓄，维持不了多久。

朋友跟我聊这些时，深深感叹生命的无常，言语间透着悲伤与无力。哥哥的离世，让她顿觉自己肩上的责任重大，父母仅剩她这一个女儿了，两个侄子还未成年，嫂子目前又没什么收入，作为姑姑，她不可能袖手旁观。聊天中我询问她的哥嫂是否买了保险，她说："没有，之前跟哥哥提过，但他觉得没必要，花那个钱还不如自己多注意、多挣点，我也就没再多说什么。"

经过这次变故，我的这位朋友认识到了保险的重要性。但我多么希望，保险的重要性不要再通过一次次的事故才被认识到。

一、什么是人寿保险

人寿保险，简称寿险，是指以人的寿命为保险标的的人身保险。人寿保险分为定期寿险、终身寿险、两全保险等[1]。

简单地说，寿险保的是人的寿命，而人的寿命无非生或死两种状态，那么人寿保险就是"死了给钱"或"活着给钱"的保险。目前，市场上主流的寿险产品还会保障"身体全残[2]"。

---

[1] 摘自《人身保险公司保险条款和保险费率管理办法》第八条第一款。
[2] 全残：由于疾病或意外事件导致被保险人完全地、必然地和永久地不能从事任何工作或维持日常生活的状况。

在保险行业协会调解退保纠纷时，有位客户说："这个保险我买了根本用不上，死了才能赔钱……"没错，"死了才赔钱"就是寿险的一项重要功能。如果一份寿险不光死了或者身体全残赔钱，当被保险人到了一定年龄还活着的话，保险公司也会赔（给付）一笔钱，那么这就是一份既保生又保死的寿险，即两全保险[①]。

案例 1.4.1

张先生，36 岁，某企业中层管理人员，年收入 35 万元。有一儿一女，妻子李女士为某公司职员，年收入 15 万元。夫妻二人都是独生子女，三年前在双方父母的资助下置换了房产，30 年房贷在供，每月还款约 8000 元。张先生与李女士考虑到整个家庭中有四位老人、两个小孩，以及生活费用、子女教育费用、房贷开支等现实情况，担心自己作为家庭支柱万一发生身故风险，家人生活将难以继续，于是在医疗险、重疾险及意外险之外又配置了寿险，每人的保额是 100 万元。

这两份寿险的作用在于，万一被保险人张先生或李女士因病或因意外身故，家人能够获得 100 万元的保险金，这笔保险金对于家人而言，既是精神上的一种慰藉，也可以在经济上帮助他们渡过难关。这就是寿险的重要意义——"我"虽然不在了，但是

---

① 两全保险：指既包含以被保险人死亡为给付保险金条件，又包含以被保险人生存为给付保险金条件的人寿保险（摘自《人身保险公司保险条款和保险费率管理办法》第八条第三款）。

爱和责任要延续。

二、为什么要买寿险

（一）继续承担对家人的责任

寿险，尤其是"死了才赔"，即以死亡为保险金给付条件的寿险，其作用不是为了保障自己，而是为了保障家人（如配偶、子女、父母）。有了寿险，当被保险人不幸离世，他的家人还能够获得相对稳定的生活，不至于因为家庭支柱倒下，导致老无所养、幼无所教，让整个家庭陷入瘫痪。从这种意义上讲，寿险是真正利他的保险，是爱和责任的体现。

（二）与意外险相比，寿险的保障范围更广

我们知道，意外险也保身故，而且同样的保额，保费更低。那么买了意外险还需要再买寿险吗？我认为是有必要的，因为意外险仅保意外伤害（如交通事故、火灾等）导致的身故，对于疾病身故（含猝死）和自然身故，意外险是不赔的。寿险则对意外、疾病导致的身故以及自然身故均承担保险责任，保障范围更广，几乎能够覆盖绝大多数的身故情形。

当然，任何一种保险都不是万能的，都有不保的情形，也就是保险合同当中的"免责事项"。下图为某寿险合同的免责条款。

第六条　责任免除

被保险人因下列情形之一身故或身体全残的，本公司不承担保险责任：

1. 投保人对被保险人的故意杀害、故意伤害；

2. 故意犯罪或抗拒依法采取的刑事强制措施；

3. 自本合同成立或本合同效力恢复之日起二年内自杀，但自杀时为无民事行为能力人的除外；

4. 主动服用、吸食或注射毒品（详见释义）；

5. 酒后驾驶（详见释义）、无合法有效驾驶证驾驶（详见释义），或驾驶无合法有效行驶证（详见释义）的机动车（详见释义）期间遭受意外伤害；

6. 战争、军事冲突、暴乱或武装叛乱；

7. 核爆炸、核辐射或核污染。

发生上述第 1 项情形导致被保险人身体全残的，本合同终止，本公司向被保险人退还保险单的现金价值；导致被保险人身故的，本合同终止，本公司向被保险人继承人退还保险单的现金价值。发生上述第 2～7 项情形导致被保险人身故或身体全残的，本合同终止，本公司向投保人退还保险单的现金价值。

某寿险合同的免责条款

这些免责事项是必须存在的，不然的话，保险就可能产生"鼓励"或者纵容这些行为的效果。这与保险的初衷相悖，也与整个社会的公共利益相冲突。

（三）从理赔数据上看，应当重视寿险的配置

各家保险公司都会对每一年度的理赔数据进行整理分析，形成理赔年报，并于第二年年初公布。我查阅了十几家保险公司的理赔年报中的身故理赔数据，这些数据基本反映了同一个现象——身故赔付的件均赔额较低，身故案件中被保险人的性别、身故原因也有较为明显的特点。

《平安人寿 2021 年理赔年报》显示，身故赔付全年赔付 74 亿元，赔付件数 8 万件，人均获赔约 92500 元，身故案件的性别分布为男性 67%、女性 33%，原因占比为疾病身故 87%、意外身故 13%。

《前海人寿 2021 年理赔年报》显示，身故案件共赔付 4.3 亿元，人均获赔 105100 元，其性别分布为男性 61.5%、女性 38.5%，原因占比为疾病身故 83.8%、意外身故 16.2%。

《2021 年中宏保险理赔服务年报》显示，身故案件平均每件赔付金额为 105741 元，其性别分布为男性 66%、女性 34%，原因占比为疾病身故 94%、意外身故 6%。

《国华人寿 2021 年度理赔年报》显示，身故件均赔付 63800 元，男性身故占比为 64.61%、女性占比 35.39%，疾病身故占比为 83.18%、意外身故占比 16.82%。

通过以上四份理赔年报，我们可以得出以下三个结论：

（1）保险身故责任的件均赔额仅在 10 万元左右，这说明我们对于身价保障的重视程度严重不足，保额缺口较大。生命是无价的，赔多少都不算多，更何况件均 10 万元的身故赔额远远低于交通事故等人身损害赔偿案件中的死亡赔偿金标准。

根据《中华人民共和国民法典》（以下简称《民法典》）及《最高人民法院关于审理人身损害赔偿案件适用法律若干问题的解释》的规定，60 周岁及以下的受害人，死亡赔偿金为受诉法院所在地上一年度城镇居民人均可支配收入标准乘以 20 年[1]。2021 年，我国城镇居民人均可支配收入为 47412 元，以此金额计算人身损害死亡赔偿金的话，应当是 47412 元 / 年 × 20 年 =948240 元。不过，实践中是以具体案件受诉法院所在地上一年度的城镇居民人均可支配收入标准来计算的。例如，2020 年北京市城镇居民人均可支配收入为 75602 元，那么，北京市各法院受理的交通事故等人身损害赔偿类案件，受害人 60 周岁及以下的，死亡赔偿金应为 75602 元 / 年 × 20 年 = 1512040 元[2]。

所以，我们应当重视身价保障，及时增加身故保额。

（2）在身故原因中，疾病（或非意外）身故占比远高于意外身故。因此，建议大家在意外险之外，重视寿险的配置。

（3）身故案件中，男性身故的比例远高于女性。因此，男性作为家庭支柱，更应当重视寿险的配置，而且保额要足。

---

[1]《最高人民法院关于审理人身损害赔偿案件适用法律若干问题的解释》第十五条规定："死亡赔偿金按照受诉法院所在地上一年度城镇居民人均可支配收入标准，按二十年计算。但六十周岁以上的，年龄每增加一岁减少一年；七十五周岁以上的，按五年计算。"

[2] 北京市高级人民法院于 2021 年 9 月 27 日发布《关于进一步推进人身损害赔偿标准城乡统一试点工作的通知》，规定全市法院受理的侵权行为发生于 2021 年 10 月 1 日（含本日）后的全部人身损害赔偿类民事纠纷案件、交通肇事刑事案件的附带民事诉讼案件不区分城镇居民与农村居民，试行按统一赔偿标准计算残疾赔偿金、死亡赔偿金：残疾赔偿金、死亡赔偿金按照北京市上一年度城镇居民人均可支配收入标准计算。

三、买定期寿险还是终身寿险

定期寿险和终身寿险的区别主要在于保险期间的不同。

定期寿险，顾名思义，它是对固定期间内被保险人的身故或全残承担保险责任，这个固定期间可以是 10 年、20 年、30 年，也可以是保到被保险人的某个年龄，比如 60 岁、70 岁等，具体以保险合同的约定为准。

终身寿险，即保险期间为被保险人的终身的人寿保险。人固有一死，但到底是什么时候，谁也说不准，说不准就意味着"不确定"。终身寿险提供保障的期间是被保险人的一辈子，而不是"保 30 年""保到 70 岁"这类限定的期间。从这个角度讲，终身寿险比定期寿险更具确定性，毕竟被保险人总会身故，只是时间早晚的问题，出险了，保险公司就要依约承担相应的赔付责任。

照这么说，是不是所有人都应该买终身寿险呢？也不一定，还是要根据自己的保费支付能力来定。一般来说，同样的保额，定期寿险的年交保费要低于终身寿险，比较适合处于奋斗期，上有老、下有小，家庭责任大，生活开支也大的消费者投保。每年花较少的钱，买相对较高的保额，把自己责任最大的 10 年、20 年的身故风险防范住，以确保万一自己突然不在了，保险公司给付的保险金也可以让家人顺利地渡过难关。

四、定额终身寿险和增额终身寿险

依据保额是否增长，终身寿险又分为定额终身寿险和增额终身寿险。

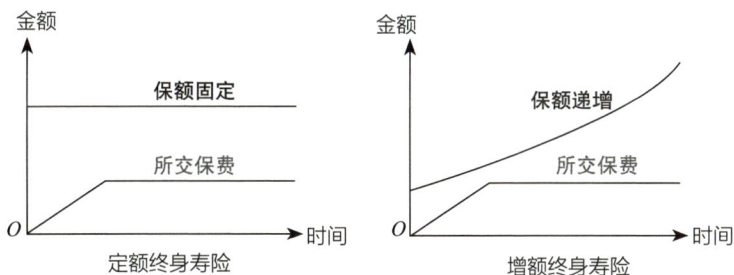

定额终身寿险和增额终身寿险的对比图

定额终身寿险的保额是固定的，整个保险期间内不会变化。比如，买了 80 万元保额的定额终身寿险，只要被保险人发生了保险责任内的身故或全残，保险公司就得按照保额赔偿80 万元。

增额终身寿险的保额会随着时间而增长。投保时，根据年交保费的多少，保险公司会确定一个"基本保额①"，之后保额每年按照一定的比例递增，时间越久，保额越高。

下图为某增额终身寿险合同中关于保额的约定。

———————————

① 基本保额，即基本保险金额。

> 2.1 基本保险金额
>
> 本合同的基本保险金额由您在投保时与我们约定并在保险单上载明。若该金额发生变更，则以变更后的金额为本合同的基本保险金额。
>
> 本合同第一个保单年度的有效保险金额等于本合同的基本保险金额；自第二个保单年度起，本合同当年度有效保险金额等于本合同上一个保单年度的有效保险金额 ×（1+3%）。

某增额终身寿险合同中关于保额的约定

目前，市场上各家保险公司在售的增额终身寿险中，保额每年递增的比例多为 3%，每一年的保额在上一年的基础上按照约定比例增加，相当于保额复利递增。这就意味着，时间越久，保额的增长效果越好，当被保险人身故时，留给受益人的保险金就越多。所以，在利率下行的大环境之下，增额终身寿险将其保额的增长幅度以固定利率的形式确定下来，能够起到对冲利率下行风险的作用。

同时，此类增额终身寿险的现金价值一般在交费期届满前后能够实现与所交保费持平，并随着时间的推移逐年递增。与传统的定额终身寿险相比，增额终身寿险的现金价值相对较高。现金价值越高，意味着急需周转资金时保单贷款的额度以及退保时拿回来的钱就越多。因此，增额终身寿险除身价保障之外，还具备了长期储蓄的功能，它能较好地兼顾实现眼前的强制储蓄、中长期的财富保值增值以及远期的养老规划和资产传承等功能。

不过，对于目前家庭责任大、保费支付能力一般的人来说，我还是建议先配置保费相对较低、保额更高的定额寿险。毕竟，保险的首要作用是保障，我们应该在保障充足的前提下，再考虑财富保值增值的问题。

▶ 本节复盘

　　1.盘点自己及家人的寿险保单，算算保额分别是多少。

　　2.计算一下全家一年的总开销，再与你的寿险保额比较一下，孰大孰小？

　　3.如果增加寿险保额，你认为你的寿险保额达到家庭年开销的几倍较为合适？

第五节　年金保险：有备无患，让金钱跨越时间

　　我有一位律师朋友，几年前和他刚认识时，他知道我对保险比较熟悉，便让我帮忙看看保险公司业务经理发给他的保险方案，还强调说自己之所以有了保险意识，主要是因为我当初在律所例会上做的那次保险专题分享。

　　于是，在我的"把关"和建议下，这位朋友陆陆续续地配置了意外险、医疗险、重疾险、寿险；孩子出生后，他又请我帮他挑选适合孩子的保险产品；保证续保 20 年的百万医疗险推出后，主动问我要不要把之前的医疗险换成这种保证续保 20 年的百万医疗险。我当时感叹地说："你都成行家了，这么关注保险行业的动态！"

　　前阵子，他又发来一份年金保险（以下简称年金险）计划书，问我这类理财型的年金险是否需要买，同时还发来了一份他自己计算的收益分析表。其实他觉得收益不算高，但是客户经理向他介绍了年金险的好几项功能，诸如强制储蓄、分散投资、长远规划等，使得他又拿不准要不要买，所以想听听我的意见。

　　应他之邀，我又跟他讲了我对年金险的理解，品评了他收到

的那份保险计划书。

一、年金险是什么

年金险，是指以被保险人生存为给付保险金条件，并按约定的时间间隔分期给付生存保险金的人身保险①。

通俗地说，年金险相当于我们先把钱（保费）一次或分次交给保险公司，保险公司在未来的时间内（定期或终身）按照保险合同的约定分次向我们返钱（生存保险金），除返钱之外，多数年金险产品还会给付身故保险金。这样加起来，最终返还到手的钱要比交的钱更多。从这个角度来讲，年金险具有储蓄投资的功能。

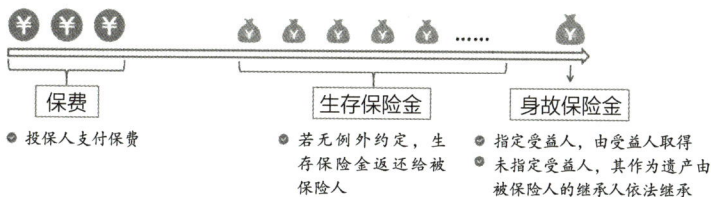

保费	生存保险金	身故保险金
● 投保人支付保费	● 若无例外约定，生存保险金返还给被保险人	● 指定受益人，由受益人取得 ● 未指定受益人，其作为遗产由被保险人的继承人依法继承

年金险示意简图

二、如何看待年金险的收益

大家购买年金险时，会习惯性地看收益率，把它和银行理

---

① 摘自《人身保险公司保险条款和保险费率管理办法》第九条。

财或各种基金做对比，仔细算下来，往往会得出"收益不高，不划算"的结论。关于年金险的收益问题，我的看法如下。

（一）结合当前及未来经济的趋势性变化，在银保监会的规范下，年金险作为一种资产配置工具，其首要特征是稳健

年金险是一种稳健的理财工具，它既不会让我们一夜暴富，也不会让我们亏得连本金都拿不回来。它需要投入多少钱，最后会返还或给付多少钱，都提前在保险合同中约定好了（当然，若是分红型的年金险，除返还年金之外，其分红是不确定的），收益一目了然，非常确定。确定，就意味着不用为收益多了少了、本金会不会亏这些事操心。选择了年金险，就意味着按合同约定好的"游戏规则"执行下去，特定的时间拿到特定的钱，不慌不忙，有节奏、有计划地实现自己配置这份年金险的初衷。

保险公司设计年金险产品时，其预定利率并不是随意制定的，要综合考虑当下经济环境和未来趋势，并受银保监会的监管。

2019 年 8 月 30 日，银保监会发布了《关于完善人身保险业责任准备金评估利率形成机制及调整责任准备金评估利率有关事项的通知》（银保监办发〔2019〕182 号），依据该通知，普通型养老年金或保险期间为 10 年及以上的其他普通型年金产品，其责任准备金评估利率上限下调为年复利 3.5% 和预定利率的小者。银保监会作出此调整，正是基于对市场利率未来走势、行业投资收益率等因素的判断①。各家保险公司会参考银保监会要求的责任准备金评估利率来确定产品的预定利率，评估利率下调，预定利率自然也会随之调整。所以，即便保险公司想通过提高产品收益率来吸引客户，这个收益率也是有上限的，不是保险公司想定多高就定多高，而是要受到银保监会的监管，以防范人身保险行业的利差损风险。

（二）投保年金险时，可以配合"万能账户"提高整个保险计划的收益水平

我们在投保年金险时，常听业务经理介绍"万能账户"，如"返还的年金如果不领取可以选择进入万能账户进行二次增值，日计息月复利，目前某某公司连续 ×× 个月万能账户的结算利率为 ×%"。

万能账户本身也是一份保险，但它的保费支付和账户价值领取方式相对灵活。我们平时投保的寿险、年金险等，每次交费的金额和交费次数往往已经提前在合同中确定好了。万能型保险（以下简称万能险）则更加灵活，可以在保险合同期内随时追加保费，也可以根据自己的需要部分领取账户价值②。

---

① 中国银行保险监督管理委员会.中国银保监会有关部门负责人就《关于完善人身保险业责任准备金评估利率形成机制及调整责任准备金评估利率有关事项的通知》答记者问 [EB/OL].(2019-08-30)[2022-03-30].http://www.cbirc.gov.cn/cn/view/pages/ItemDetail.html?docId=235978.
② 在万能账户中追加保费或部分领取账户价值须符合具体保险产品关于金额、比例等的相关规定。

万能账户会以当日的保单账户价值为基础计算当日保单利息，利息每月结算一次，结算的利息计入万能账户，参与下个月新一轮的利息计算。

各家公司推出的此类万能险都有一个结算的保证利率，即保证最低不低于多少利率，也可以称为"保底利率"，常见的保底利率有 1.75%、2%。一般来说，万能账户的结算利率会高于保底利率，各家保险公司会在其官网上公布各万能险产品每月的结算利率。2023 年以来，保险公司此类万能险的结算利率有所下调。据《中国经营报》记者不完全统计，在已披露 2023 年 10 月结算利率的 700 多款万能险产品中，有 200 多款产品结算利率达到 4% 或以上，300 多款产品结算利率在 3%~4%，剩余的产品结算利率低于 3%。

综上，年金险搭配此类万能险同时投保，返还的年金进入万能账户计息升值，如果所选的保险公司以及万能账户的结算利率相对较高且稳定，相当于整体提升了这一保险组合的收益水平。

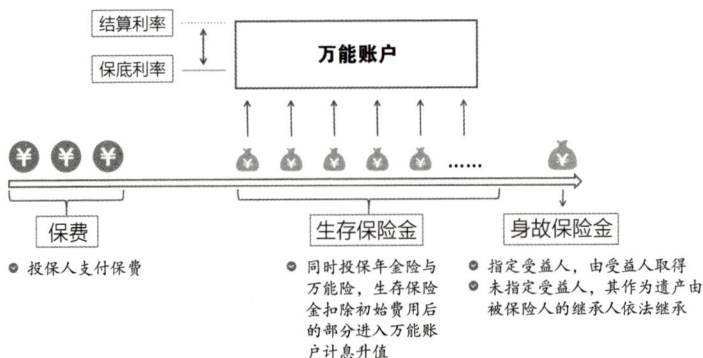

同时投保年金险与万能险示意简图

（三）年金险是长期投资，持有时间越长，收益递增越明显

无论消费者购买任何保险产品，保险公司都需要扣除保障成本和运营成本，年金险也是一样，保费在扣除这些成本之后形成保单的现金价值，现金价值就是中途退保时我们能拿回来的钱，我们也可以叫它"退保金"。一般来说，保险合同成立的前几年，保单的现金价值是比较低的，这时候退保可能还会"亏本"，即出现拿不回全部保费的现象。随着时间的推移，现金价值逐渐提升，年金也开始返还。若购买了终身型的年金险，则意味着活得越久，年金返得越多，若同时购买了万能险，所返年金则进入万能账户计息，月复利升值，同样也是持有时间越久，利息收益越明显。

另外，对于万能险来说，其追加保费和部分领取账户价值则相对灵活，可以增加资金使用的灵活性。但要注意的是，在投保的前几年部分领取账户价值或退保时，保险公司会收取一定的退保费用。例如，某公司万能险第一保单年度收取的退保费用比例为 3%，第二年为 2%，第三到五年为 1%，第六年及以后各保单年度不再收取退保费用，可自由领取万能账户价值。保险公司做此限制，目的是引导客户长期持有保单。这样，在月复利的结算方式下，万能账户中的资金会随着时间的推移而有较可观的增长。

综上，年金险本身的定位就是一种稳健的投资方式，我们不能以其他高收益的投资产品为参考标准来苛求年金险的收益率。年金险是一种着眼于长期的资金规划，不论是否搭配万能账户，

其收益都会随着时间的推移而逐渐增加，且年金的返还频次与各次返还金额等事宜已在保险合同中明确规定，它是确定可实现的，在投资环境充满不确定性的情况下，年金险的这种确定性值得被重视。

三、什么人适合配置年金险

以下 5 类人适合配置年金险。

（一）基础保障型保险已配置齐全的人

买保险的基本原则是"先保障后理财"，普通家庭配置保险的首要目的，是转移个人或家庭不能承受的大额医疗费用、意外或身故等风险。年金险是帮助我们强制储蓄，积累将来的子女教育、个人养老的资金的保险，着眼的是未来十几年，甚至几十年的长久规划。如果自己和家人连最基本的保障都没有，何谈以后的养老？

所以，优先为自己和家人配置意外险、医疗险、重疾险、寿险等基础保障型保险，确保保障齐全且保额相对充足以后，再去考虑配置年金险更为合适。

（二）打算强制自己"存"下钱，为子女教育、个人养老做准备的人

钱要挣、要花，也要存。与老一辈的人不同，如今的年轻人受消费主义的影响较深，超前消费的风靡、各种电商平台的疯狂营销，导致很多人的钱在边挣边花间不知不觉就没了。没有足够的存款，将来在紧急情况下需要用钱的时候，很可能就拿不出钱

来。年金险的功能之一就是强制自己存钱，方式包括在有结余资金时一次性"存"进去，也就是一次性交清保费；或者要求自己每年"存"多少，也就是分期交纳保费，在3年、5年或10年间强制自己每年交费，实现资金的强制储蓄。这笔资金会留到将来使用，可以用于子女教育，也可以用于个人养老等。

（三）不擅长投资理财或者不愿意费心频繁关注盈亏的人

这类人可以通过投保年金险来锁定收益。如前文所述，年金险的收益率虽比不上一些高收益的投资产品，但贵在确定、稳健。

（四）已配置股票、基金等高风险产品，希望资产配置多元化，分散风险，增加稳健资产占比的人

我们可以把家庭资产配置比作一个金字塔：越靠近塔的顶部，收益越高，当然，高收益必然伴随着高风险，比如股票、基金、期权、黄金等；越靠近塔的底部，收益越低，但安全性更高，比如活期存款、大额存单、年金险、国债等。为了发挥资金的综合效用，我们在追求收益的同时，也要确保资产整体的安全稳健，所以就需要多元化、分散化投资，这些投资中既要有负责追求高收益使资产增值的，也要有负责垫实基础，确保资产整体安全不受高风险投资影响的。这也就是我们常说的"不把鸡蛋放在同一个篮子里"，避免一损俱损。

（五）高收入高净值，希望通过保险实现资产隔离或者定向传承的人

投保人与保险公司之间是保险合同关系，这份合同由投保人

和保险公司订立，同时关系到被保险人和受益人。我们知道，保费是投保人交纳的，保单中累积下来的现金价值权益属于投保人；被保险人是保险保障的对象，若没有另行约定，年金险的年金（不同产品中表现为"生存保险金""满期生存保险金""祝寿金"等）由被保险人领取；指定身故受益人的，身故保险金由身故受益人领取。

由此可见，不同情形下，通过保险合同，资金体现为现金价值、生存保险金、身故保险金等多种形态，不同的主体享有不同的合同权益。如此一来，年金险就可以实现针对某个主体的资产隔离、财富的定向传承等功能，这是年金险除强制储蓄、稳健增值、资产配置等功能之外所具备的法律功能，该部分内容将在本书后续部分详述。

▶ 本节复盘

1. 分析一下每月的支出，看看哪些是必须支出的，哪些是可以不支出而存下来的。

2. 你是否有定期存钱的习惯，除了银行储蓄，你还通过哪些方式储蓄资金？

第二章
投保前要知道的事

　　在解答日常被问及的各种投保疑问时，我发现很多人其实并不清楚保险的种类以及各类保险术语。对于该买什么保险，买的那份保险能够解决什么问题，懵懵懂懂；对于保险合同，基本都说"太厚，没看过"或"看不懂"。

　　本章即是对我收到的日常投保咨询内容的整理汇总，主要涵盖对保险合同的认识、保险合同的主体、健康告知和"两年不可抗辩条款"，以及对大家关注的理赔难易、保险资金安全性、中途退保等问题的释疑。

第一节　认识保险合同

我国《保险法》第二条界定了保险的含义。

本法所称保险，是指投保人根据合同约定，向保险人支付保险费，保险人对于合同约定的可能发生的事故因其发生所造成的财产损失承担赔偿保险金责任，或者当被保险人死亡、伤残、疾病或者达到合同约定的年龄、期限等条件时承担给付保险金责任的商业保险行为。

通过以上条文可以看出，消费者与保险公司之间是一方交钱（保费），另一方在约定情形下给钱（保险金）的商业保险关系，双方的权利与义务通过保险合同来确定。

一、什么是保费、保额、保险金、现金价值、免赔额、犹豫期、等待期

如今，保险几乎已经成为现代家庭的必需品，多数家庭每年花在保险上的钱，少则几千元，多则上百万元，甚至更多。但就

我接触的保险客户来讲，对保险了解得非常清楚的并不多，因为不够了解，所以容易产生误解，而客户在或多或少的误解之下投保，是极容易发生退保或理赔纠纷的。因此，消费者非常有必要了解诸如保额、保险金、现金价值等有关保险的基本概念。

案例 2.1.1

杜女士，35 岁，她为自己投保了一份重疾险，不含身故或全残保险责任，具体投保信息如下。

不含身故或全残保险责任的重疾险

保险金额	轻度疾病给付比例	保障期限	交费期限	年交保费
50 万元	25%	终身	30 年	7000 元

（注：本投保案例已简化处理，现实中不同的重疾险产品的价格因投保年龄、重疾保障范围、保障期限、重疾分组、轻度/中度疾病给付次数和比例等因素而有所区别。）

该重疾险的等待期为 90 天，杜女士在投保 5 年后，常常感觉到胸口憋闷气短，某次持续胸痛 5 个多小时，就医后被诊断为急性冠状动脉综合征。经术前检查评估后，医生为其实施了冠状动脉支架植入术。

杜女士出院后，向保险公司申请理赔，保险公司审核后赔付了 12.5 万元。

（一）保费

保费，即保险费，是指投保人根据保险合同约定向保险公司支付的费用。

在案例 2.1.1 中，杜女士担心自己万一罹患重疾，将不得不支付大额的医疗费用，届时工作及收入也会受到影响，于是购买了一份重疾险，目的在于当自己不幸罹患合同约定的重疾时能够获得保险公司赔付，缓解经济压力。杜女士与保险公司之间就是一种合同关系，一方掏钱，一方卖商品或服务，只不过不同于看得见摸得着的有形商品，保险公司提供的是一种风险保障或资金规划服务。

案例中杜女士所购买的，就是一种"当我发生重疾时，你给我一大笔资金"的保险服务。为了获得这种商品或服务，杜女士需要支付对价——保费，每年 7000 元，交 30 年，共 21 万元保费。

在保险期间（终身）内，哪怕投保第二年，仅交了两期共 14000 元保费的情况下，杜女士罹患合同约定的重疾，保险公司也需要承担相应的保险责任，给付保险金。

（二）保额

保额，即保险金额，是指保险人承担赔偿或者给付保险金责任的最高限额。

在案例 2.1.1 中，杜女士购买的重疾险的保额为 50 万元，这就意味着，若杜女士罹患合同约定的重疾，保险公司将依约给付保险金，最高不超过 50 万元。

如果杜女士考虑到家庭日常开支水平、未来医疗费用膨胀等因素，觉得 50 万元的保额不足以应对自己患病后的收入中断问题，可以根据自己的保费预算在投保时选择更高的保额，比如 80 万元、100 万元等。同等条件下，保费交得越多，保额就越高。随着收入的增加，杜女士还可以再投保重疾险以提高自己的总重疾保额。总之，保额就是保险公司承担保险责任的最高限额。

（三）保险金

保险金，简单地说是指被保险人发生保险事故，或者达到保险合同约定的年龄、期限等条件时，保险公司实际赔偿或给付的钱。保险金与保险金额，虽只有一字之差，但意义完全不同，需要注意区分。保险金是指发生保险事故后被保险人或者身故受益人实际拿到手的钱，保险金额是指发生保险事故时能够获得的最高赔偿或给付额度。

我们再来看案例 2.1.1，杜女士投保的重疾险，保额是 50 万元，如果杜女士罹患合同约定的重度疾病，保险公司就需要赔付 50 万元，此时，赔付的这 50 万元就是保险金。本案中的实际情况是，杜女士因急性冠状动脉综合征实施了冠状动脉支架植入术，这属于合同约定的轻度疾病，保险公司最终按照合同约定的"轻度疾病保险金为保险金额的 25%"给付了 12.5 万元（50 万元 ×25%），这 12.5 万元就是杜女士在此次理赔中实际拿到手的保险金。

（四）现金价值

《保险术语》中关于现金价值的定义为：根据保险合同的约定，保单累积的实际价值。

这是什么意思？我们应该如何理解保险的现金价值呢？

办理过退保的人都知道，退保时退回来的钱和当初交的钱往往不一致，尤其是重疾险、寿险等基础保障型保险，在投保初期退保的话，退保时拿回来的钱是远低于所交保费的，为什么呢？因为拿回来的这笔钱并不是我们所交的保费，而是保单累积的实际价值，即现金价值。

保单的现金价值不是我们所交的保费。它虽来源于保费，却不等同于保费。现金价值是储蓄型保险特有的概念，我们常见的终身寿险、两全保险、长期重疾险、分红险等都有现金价值，消费型保险如一年期的意外险、医疗险等往往没有储蓄性质，也就没有现金价值。

以人寿保险为例，投保人寿保险是为了获得保险公司对我们寿命的保障，如果发生保险事故，保险公司应当依据合同进行理赔，给付的保险金一般来说要远高于所交的保费，这也正是我们投保人寿保险的原因之一。保险合同生效，就意味着被保险人开始享有保险公司提供的保障，那么作为客户，享受保障当然需要支付对价，也就是保障成本。我们所交的保费中，一大部分就是用于支付保障成本的。

一般来说，随着被保险人年龄的增长，人寿保险的赔付概率就会增加，相应地，保障成本也会增加，那么正常来讲，我们的保费自然也应当是逐年增长的。但是你会发现，合同约定每年支付的保费是相同的数额，这是保险公司将各年保费进行汇总，然后平均到整个交费期间的结果。这种每年收取等额保费的保费确定方法，叫作"均衡费率法"。这样收费的原因是，保险公司考虑到如果每年保费都在增加，随着投保人的年龄增长，收入多是呈下降的趋势，其交费能力也随之下降，客户很可能因为后期无力交费而中途退保，从而失去保障。

但这样的收费方式会导致产生一种现象——年轻时交纳的保费超过了实际需要的保障成本，而年龄增大时交纳的保费会低于当年实际的保障成本。比如，某客户在25岁时投保了人寿保险，按年龄来算，当年应交的保费是7000元，采用均衡费率确定保费后，每年要交12000元，多出来的这5000元就会暂时储蓄到保险公司这里，用于平衡年龄增大时不足的那部分保障成本。那么，这些在合同初期由保险公司多收取的保费及其利息，就是保单的现金价值。如果投保人要求退保，投保人能够拿回去的就是这笔钱，而不是所交的保费。当然，投保人所交的保费除了用于支付风险保障成本，还有一部分会用于支付保险公司的人员工资、销售佣金、经营场所租金等各项经营成本。

因此，如果我们投保了保险，即便没有发生过理赔，保险公司也只是针对我们这一单没有支出保险金而已，实际上其已经支出了风险保障成本和经营成本。因此，退保时保险公司不能退回已交的全部保费，只能退回保单的现金价值。

由此可见，储蓄型保险与银行存款相比，二者有着本质的区别。保险是投保人与保险公司之间建立的保险合同关系，目的在于风险保障或资金安排；银行存款是储户与银行之间存在的储蓄合同关系，目的在于存储资金并获得利息。一些消费者在退保时之所以想当然地认为保险公司应当全额返还保费甚至支付利息，是因为他们没有正确理解保险的原理，而错用了银行存款的思维来看待保险合同关系。

（五）免赔额

免赔额，顾名思义，即保险公司不用赔偿的金额。具体是指被保险人在保险期间内发生的、虽然属于保险责任范围内的医疗费用，但依照合同约定仍然由被保险人自行承担的金额。医疗险通常会设置免赔额。

假设杜女士为自己买了一份医疗险，免赔额为 10000 元，保险期间内杜女士某次住院花费 8000 元，刚好在免赔额之内。此时，保险公司对杜女士此次的医疗费用是不需要赔偿的。

医保有起付线，我们可以将免赔额理解为是商业医疗险的起付线。

1. 为什么要约定免赔额

一是增加被保险人的责任心，减少事故发生以及尽量合理治疗；二是通过免赔额提高赔偿门槛，保险公司可以免于处理大量的小额赔偿案件，降低运营成本，最终使得投保人享受较低的保险费率。

当然，市面上也有不少 0 免赔额的医疗险产品，既然 0 免赔，同等条件下保费自然也会相对贵一些。

2.常见的免赔额条款

我们先来了解一下什么是绝对免赔额、相对免赔额、年度免赔额。

绝对免赔额，即保险公司只赔偿超过免赔额的那部分。例如，杜女士买了一份医疗险，该医疗险的免赔额为100元/次，杜女士某次意外受伤产生治疗费用是1000元，减去免赔额后是900元，那么就这900元部分，保险公司会按照合同关于赔付比例等的相关约定承担赔付责任；如果治疗费用是90元，在免赔额以内，保险公司就不用承担赔付责任。

目前，绝大多数医疗险的免赔额是指绝对免赔额。

例如，在某意外医疗险合同的投保须知中，对免赔额及赔付比例有这样的约定。

> 意外医疗责任免赔金额为100元/次，对于被保险人发生的合理且必要的意外医疗费用，如果已通过公费医疗或社会医疗保险获得费用补偿，我们将按照扣除已通过公费医疗或社会医疗保险报销的费用及免赔额，剩余按照100%赔付；未从公费医疗或社会医疗保险获得费用补偿的，我们扣除免赔额后按照80%赔付。

某意外医疗险合同对免赔额及赔付比例的约定

与绝对免赔额相对应的是相对免赔额，是指若花费超过免赔额，只要在保额以内，保险公司会全部赔偿，无须扣除免赔额。例如，杜女士买了一份医疗险，相对免赔额为100元/次，她某次意外受伤产生医疗费用是 300 元，超过了免赔额，那么保险公司便就这 300 元依约承担赔付责任。目前市场上销售的保险产品较少使用这种相对免赔额，大家简单了解即可。

年度免赔额，是指一个保险年度内累计免赔一定的额度。

例如，杜女士投保了一款年度累计免赔 10000 元，其余 100% 报销，年度报销额度 100 万元的医疗险。等待期结束后，杜女士因病住院，共花费 18000 元，本次扣除 10000 元免赔额，可获得 8000 元赔付，杜女士需要自付 10000 元；同一保单年度内，杜女士再次因病住院，花费了 5000 元，由于第一次已经扣除了年度 10000 元免赔额，本次理赔便不再扣除，报销金额为 5000 元，即杜女士本次自付金额为 0 元。两次理赔，杜女士自付金额总共为 10000 元[①]。

目前多数百万医疗险适用的均是这种年度免赔额，也就是同一个保单年度内，每次治疗可以累计抵扣免赔额。

3. 哪些费用可以计入免赔额

被保险人在一次治疗中产生的哪些费用可以计入免赔额？是只要产生费用，不管是否已经从其他渠道获得报销补偿，便都可以计入免赔额，还是有些费用在计算免赔额时不能抵扣呢？我们结合案例来分析。

---

① 此处仅简单举例说明年度免赔额，实际计算时需要根据合同约定考虑从医保等其他途径已经获得的医疗费补偿等情况。

杜女士投保了一份一年期的百万医疗险 A，年度免赔额 10000 元。杜女士在某次意外受伤中住院产生医疗费用共 18000 元，医保报销了 7000 元，另外一份商业医疗险 B 报销了 3000 元，还有 8000 元的费用由杜女士自付。那么，百万医疗险 A 能够理赔多少钱呢？

关于这个问题，要以保险合同的具体约定为准。

（1）多数百万医疗险中，医保报销金额不计入免赔额。

百万医疗险能够以较低的保费"撬动"较高的保额，性价比极高，其主要作用是解决大额医疗费用支出。也正因此，百万医疗险的免赔额会相对较高（多数为 10000 元 / 年），且合同中会约定，医保及公费医疗报销的费用不计入免赔额，其他商业医疗险报销费用以及个人自付费用计入免赔额。

前述案例中，若杜女士投保的是一份医保报销不计入免赔额的百万医疗险，那么医保报销的 7000 元不计入免赔额，商业医疗险 B 报销的 3000 元以及杜女士个人实际支付的 8000 元计入免赔额，3000 元 +8000 元 =11000 元，扣除免赔额 10000 元后剩余 1000 元，那么这份百万医疗险 A 可以报销的金额就是 1000 元。

下图为某个人住院医疗险合同中关于免赔额的约定。

2.2.2	免赔额	本合同中的免赔额是指被保险人在一个保险期间内发生的、虽然属于本主险合同的保险责任范围内的医疗费用，但依照本主险合同约定仍由被保险人自行承担、我们不予赔付的金额。只有当免赔额因以下两种情况抵扣完毕时，我们才开始按照约定承担保险金赔付责任： 1. 被保险人自行承担的属于本主险合同保险责任范围内的医疗费用，包括其基本医疗保险个人账户支出的医疗费用； 2. 从基本医疗保险和公费医疗保险之外的其他途径获得的属于本主险合同保险责任范围内的医疗费用补偿。 举例来说，假设免赔额为 10000 元，如被保险人在一个保险期间内未就诊过，则免赔额余额为 10000 元；如第一次就诊累计的保险责任范围内医疗费用为 8000 元，针对本次就诊理赔后免赔额余额为 2000 元，本次赔付为 0 元；如第二次就诊累计的保险责任范围内医疗费用为 6000 元，则针对本次就诊理赔后免赔额余额为 0 元，本次赔付为 4000 元乘以赔付比例。由于免赔额已抵扣完毕，在该被保险人剩余的保险期间内，不再需要抵扣免赔额。 **请注意**：通过基本医疗保险和公费医疗保险获得的补偿，不可用于抵扣免赔额。

某个人住院医疗险合同中关于免赔额的约定

（2）可以选择医保报销金额不计入免赔额的医疗险。

①免赔额及总保额较低的小额医疗险

年度保额几万元（常见的有 5000～50000 元）的普通医疗险，因为总保额较低，其产品定位是补偿日常小病小伤的治疗或住院费用，所以此类医疗险常常无免赔额，或者设置较低的免赔额，如 100 元、300 元、500 元等。实际理赔时扣除免赔额后，以被保险人是否先办理了医保报销为区分，按不同比例进行赔付。

下图为某意外医疗险合同中关于报销比例的约定。

> 本产品意外伤害医疗保险责任项下，每次事故扣除绝对免赔额后，按医保赔付情况对应比例报销：
>
> 若被保险人发生的属于保险责任范围的医疗费用已从医保或其他机构获得补偿，我们将按如下公式给付意外伤害医疗保险金：意外伤害医疗保险金＝（医疗费用－已获得的医疗费用补偿－100元免赔额）×90%。
>
> 若被保险人发生的属于保险责任范围的医疗费用未从医保或其他机构获得补偿，我们将按如下公式给付意外伤害医疗保险金：意外伤害医疗保险金＝（医疗费用－300元免赔额）×70%。

某意外医疗险合同中关于报销比例的约定

②部分高额医疗险，医保报销金额可抵扣免赔额

如市场上销售的高端医疗险，报销范围更广、附加服务更多，无免赔额或者医保报销的部分可以计入免赔额，对被保险人来说，享受的保险附加服务更好，报销范围更广，当然，同等条件下的保费也会更贵。

例如，某百万医疗险合同中提供了医保报销可抵扣免赔额与不可抵扣免赔额两种选择（见下图）。我以40岁男性为例进行了保费测算：保额为200万元，保险期间为1年，医保报销金额不抵扣免赔额，年交保费是482元；医保报销金额抵扣免赔额，年交保费是758元。消费者可以根据自己的偏好，选择不同的产品及投保方案。

| 2.4 | 保障方案 | 本合同提供下列两种保障方案，由您和我们约定并在保险单上载明，在本合同保险期间内不得变更。
方案一：
被保险人通过基本医疗保险、城乡居民大病保险、公费医疗保险和其他途径（包括工作单位，除本合同以外的费用补偿型医疗保险等）获得的医疗费用补偿或赔偿可用于抵扣免赔额。
方案二：
被保险人通过基本医疗保险、城乡居民大病保险和公费医疗保险获得的医疗费用补偿或赔偿不可用于抵扣免赔额，但被保险人从其他途径（包括工作单位、除本合同以外的费用补偿型医疗保险等）获得的医疗费用补偿或赔偿可用于抵扣免赔额。 |

某百万医疗险合同中提供的两种保障方案

（六）犹豫期

所谓的犹豫期，简单来说，就是保险合同虽然签了，但投保人签收合同后有权无条件退保的一段时间，即关于是否确定要投保，考虑和犹豫的期间。犹豫期为多久，不同保险公司有不同的规定，常见的一般是 10 天、15 天或 20 天，从签收合同之日或次日起开始计算，具体以保险合同所载时间为准。

购买保险不是一件小事，保险期间动辄几十年甚至终身，保费可能要几千上万元甚至百万千万元，不同的保险产品其保障内容也不同。保险公司考虑到客户作为非专业人士，短时间内对自己的需求和产品的认识可能不到位，因此对于保险期间一年以上的产品，即便签了合同，也会给投保人一个考虑的期间。在这个期间内，投保人可以仔细审阅合同的各项内容，特别是保险责任条款、责任免除条款、合同解除条款等，如果发现合同内容与自己的需求不相符，可以向保险公司提出解除合同。

犹豫期内解除合同，投保人所交的保费不会有损失，保险公司会将保费无息退还给投保人。有的保险公司会收取合同的工本费（一般为 10 元），这也能理解，毕竟厚厚的一沓保险合同都印出来了，也是有成本的。

下图为某保险合同中关于犹豫期的约定。

| 5.1 | 犹豫期 | 自您签收本主险合同次日起，有 20 日的犹豫期。在此期间，请您认真审视本主险合同，如果您认为本主险合同与您的需求不相符，您可以在此期间提出解除本主险合同，我们将无息退还您所支付的全部保险费。
解除本主险合同时，您需要填写申请书，并提供您的保险合同及有效身份证件。自我们收到您解除合同的书面申请时起，本主险合同即被解除，合同解除前发生的保险事故我们不承担保险责任。 |

某保险合同中关于犹豫期的约定

我建议消费者一定要重视犹豫期。签收保险合同后，若对所买保险有不清楚、不明白的地方，一定要在犹豫期内主动了解。若确定这份保险不适合自己或者不是自己想要的，在犹豫期内向保险公司申请退保，已交的保费不会有损失。但如果在犹豫期结束后再提出退保，保险公司将只退还保单的现金价值，多数保险尤其是保障型保险，在投保初期的现金价值往往是低于所交保费的。

（七）等待期

等待期，又叫观察期、免责期，《保险术语》中的定义为：从保险合同生效日或最后一次复效日开始，至保险人具有保险金赔偿或给付责任之日的一段时间。

简单地说，等待期是指保险合同生效后的一段时间内，即使被保险人发生保险事故，保险公司也不需要承担赔偿或给付保险金责任的时期。等这段时间过后，保险公司才需要承担相应的保险责任。寿险、重疾险、医疗险合同中一般会有关于等待期的相关约定。

1.为什么设置等待期

有人可能会想，买了保险，为什么要等一段时间保险公司才承担赔付责任？难道是保险公司故意逃避责任刁难消费者？其实并不是。

保险公司之所以规定等待期内出险不赔，是为了防止那些身体已经有问题才想着赶紧去买保险来获得赔偿的现象发生。设置等待期，可以避免一些带病投保的情况发生。

试想，如果没有等待期，一些身体有问题的人隐瞒了真实情况去买保险，买了之后再去看病，然后到保险公司申请理赔。这样一来，保险公司赔付的钱肯定会多很多，钱赔得多了，成本就高，保费自然也会贵。羊毛出在羊身上，最终还是广大保险消费者自己买单。

2.等待期是多久

具体到某款保险产品的等待期是多久，要以保险合同条款的约定为准。对于消费者来说，等待期当然是越短越好，但是，我们也不能仅依据等待期长短就判定一款保险产品的优劣，而要根据自身的需求对整个保险方案进行综合评价。

一般来说，寿险、重疾险的等待期多为 90 ~ 180 天。医疗险的等待期多为 30～90 天。一年期的医疗险，如果第二年续保成功，通常没有等待期。

如前所述，等待期的设置是为了避免出现带病投保的现象，如果投保后是因意外伤害而非因疾病导致保险事故发生的，通常无等待期。

3. 等待期条款示例

下图为某终身重大疾病保险合同中关于等待期的约定。

11.2	等待期	从本主险合同生效（或每次合同效力恢复）之日起 90 日内，被保险人经医院确诊为本主险合同"轻度疾病释义"所定义的"轻度疾病"、"中症疾病释义"所定义的"中症疾病"或"重大疾病释义"所定义的"重大疾病"，我们不承担保险责任，将退还您所支付的本主险合同的保险费，本主险合同终止，这 90 日的时间称为等待期。被保险人因意外伤害发生上述情形的，无等待期。

某终身重大疾病保险合同中关于等待期的约定

下图为某一年期医疗险合同中关于等待期的约定。

等待期

第十四条　本保险合同的等待期由投保人和保险人双方约定，并在保险单中载明，最长不得超过 180 日；如未载明的，则默认为 30 日。

因意外伤害发生保险责任的，无等待期。

如为连续不间断续保的（同一被保险人连续在本保险人处投保本条款为基础的保险合同，保险期间衔接不中断），从第二期保险合同起的连续不间断续保保险合同不适用等待期。

若保险合同未连续不间断续保，则需要重新适用等待期。

某一年期医疗险合同中关于等待期的约定

二、保险合同的基本内容

一份保险合同一般包括：保险单、现金价值表、保险条款、主要投保资料副本、客户服务指南、批注栏、首期保费交纳对账单等。

（一）保险单

保险单上记载了具体的投保信息，比如合同号、合同生效日期、投保人／被保险人和受益人、投保的产品、保险期间、交费年限、保险金额、保险费等。

保险单样例

在查看保险合同时，建议大家重点关注这一页的内容。买了保险，我们起码得知道自己买的是什么险种、保多久、每年交多少钱、交费年限等基本信息。

如果发现保险单上的这些基础且重要的信息与自己的需求不符，可进一步了解或与业务经理沟通确认。如果确实不符合自己的实际需求，我们前面也说了，可在犹豫期内退保，保险公司会无息退还我们所支付的保费。

（二）现金价值表

如前文所述，现金价值是储蓄型保险特有的，常见的终身寿险、两全险、长期重疾险、分红险等都有现金价值。保险合同中用以列明保单各年度现金价值的表格，即现金价值表。

犹豫期过后退保的，保险公司退给投保人的便是申请退保时保单的现金价值。

关于现金价值，部分消费者容易陷入一个误区：以现金价值的多少来衡量保险产品的好坏，认为现金价值高或者现金价值"返本快"的产品就是好产品。其实，现金价值仅是评判保险产品的标准之一。例如，传统的寿险、重疾险，其现金价值，尤其是投保初期的现金价值一般是远低于所交保费的，这是此类保障型保险固有的特征，我们当然不能做出"它现金价值低，所以就不是好的保险产品"的评判。评价某一款保险产品是否适合自己，还是要依据个人具体的保障需求、保费预算、合同条款以及投保偏好等多方面因素来综合判断。

（三）保险条款

同一款保险产品，其保险条款是一样的，我们可以在中国银行保险监督管理委员会官方网站上查询这些条款。

保险条款中需要消费者重点关注的有：保什么（保险责任）、不保什么（责任免除）以及交费、退保条款等。

保险合同中，条款的正文前面一般会有一页阅读指引，其中列明了条款目录，方便我们对条款有个大致的了解，如下图所示。

☞条款目录

1.我们保什么、保多久	4.1 受益人	7.需要关注的其他内容
1.1 保险责任	4.2 保险事故通知	7.1 合同构成
1.2 保险期间	4.3 保险金申请	7.2 合同成立与生效
2.我们不保什么	4.4 保险金的给付	7.3 投保年龄
2.1 责任免除	5.如何退保	7.4 年龄错误
2.2 其他免责条款	5.1 犹豫期	7.5 未成年人身故保险金
3.如何支付保险费	5.2 解除合同的手续及风险	限制
3.1 保险费的支付	6.其他权益	7.6 明确说明与如实告知
3.2 宽限期	6.1 现金价值	7.7 未还款项
3.3 效力中止	6.2 保单贷款	7.8 合同内容变更
3.4 效力恢复	6.3 自动垫交	7.9 争议处理
4.如何领取保险金	6.4 减额交清	

某年金险合同的条款目录

（四）主要投保资料副本

主要投保资料副本是指我们填写的投保单，内容主要包括：投保人与被保险人的年龄、性别、职业、证件号码、联系方式等基本信息；受益人的相关信息；所购产品的名称、保费金额、交费方式和期限；健康告知等事项。

为了方便客户投保，现在多数的保险公司会采用线上投保方式，在手机或电脑端录入前述各项信息并签名确认。除签名外，投保过程中还有人脸识别环节，以确保是客户本人真实操作投保过程。

如果投保的产品中包含分红险、万能险或投资连结险，需要投保人亲笔抄录风险提示语，比如："本人已阅读保险条款、产品说明书和投保提示书，了解本产品的特点和保单利益的不确定性。"

本	人	已	阅	读	保	险	条	款	、	产	品	说	明	书	和	投	保	提	示	书	，
了	解	本	产	品	的	特	点	和	保	单	利	益	的	不	确	定	性	。			

投保过程中的风险提示语示例

前述的投保单以及投保提示书通常会以复印件的形式被录入客户所持有的保险合同中。

（五）客户服务指南

这部分主要包括：交费指南、保全服务指南、理赔服务指南等。

客户服务指南对续期交费方式和注意事项，客户资料变更、保险金申领等保全业务的办理渠道和资料，理赔的流程、材料和注意事项等内容进行了提示。

部分保险公司还在此处列明了承保机构所属省份的定点医院，供客户就诊时参考。

（六）批注栏

并非每份保险合同都有批注栏，一般来说，只有少数合同有。这一部分是保险公司与客户做出的一些特别约定。比如，投保重疾险时，因为被保险人有甲状腺结节或乳腺结节等问题，保险公司与客户签署批注，载明甲状腺癌、乳腺癌不在保险责任范围内。

（七）首期保费交纳对账单

该页记载了首期保费的交费金额、交费时间、扣款账号等信息，大家了解即可。

三、保险——风险保障和资金规划的必备工具

关于保险的意义，被引用较多的是胡适先生的那段经典论述①：

保寿的意义只是今日作明天的准备，生时作死时的准备，父母作儿女的准备，儿女幼小时作儿女长大时的准备，如此而已。今天预备明天，这是真稳健。生时预备死时，这是真旷达。父母预备儿女，这是真慈爱。不能做到这三步的，不能算作现代的人。

---

① 耿云志. 胡适遗稿及秘藏书信 [M]. 合肥：黄山书社，1994：83-84.

这段论述道出了保险的核心作用——"预备"，即提前安排，防患于未然。

（一）保险的基础功能——保障

保险制度的产生，源于人类应对各种灾难和风险的需要。

俗话说，天有不测风云，人有旦夕祸福。人类在谋求自身发展的同时，无时无刻不面临着来自自然界和人类自身的各种风险，前者如洪水、冰雹、台风、地震等自然灾害，后者如疾病、意外等不幸事件，尤其现代社会中汽车作为人类出行的常用交通工具后，交通事故成为造成人类伤亡的主要意外风险之一。据《中国新闻网》报道，世界卫生组织称，全世界每24秒就有1人因道路交通意外死亡，每年总计135万人因此丧命。同时，道路交通意外已经成为5~29岁儿童与年轻人的主要"杀手"。①

不论是自然灾害，还是交通事故等人类自身风险，一旦发生，必将对人们的生命健康和财产利益造成重大损失。于是，人们不断寻求各种方法以图规避风险和应付灾难。

关于规避风险，即便防范有加，慎之又慎，也总有百密一疏的时候，更何况多数风险的发生不以人的意志为转移，可谓防不胜防。因此，面对不确定的风险对个体所造成的巨大损失，最好

---

① 中国新闻网.世卫组织：全球每年135万人死于道路交通意外[EB/OL].(2018-12-07)[2022-03-30].https://baijiahao.baidu.com/s?id=1619198332411571792&wfr=spider&for=pc.

的方法便是大家一起来分担，化"巨大损失"为人人可以承受的"小额损失"，那么如何实现呢？群体中的每个人交纳小额的资金（保费）汇聚起来，当群体中某个个体遇到风险，遭受损失时，汇聚起来的资金用于弥补其损失，相当于损失最终分散到众多个体身上。这便是保险的基本原理。

现代的保险公司根据大数据法则，运用精算技术进行保险产品定价、准备金评估、风险管理等，使得保险的运作更加科学和规范，但其实质仍是人们通过联合的行动共同分担经济损失，进而实现互助救济的一个分配体系，也就是所谓的"人人为我，我为人人"。

案例 2.1.2[1]

客户张先生，30 多岁，四年前为自己购买了一份组合保险，内含寿险、重疾险、意外险及医疗险，期间因伤治疗两次，均获得了保险公司关于医疗费用的赔付。这段时间，张先生却要求退保。

既然成功获赔过，对保险的功能有过亲身体验，他为何还要退保呢？

张先生说，投保时保险公司的业务经理告诉他，只要买了这份保险，生病、意外各种情况都能保。现在他了解到，其实并不是什么都能保，比如打架受伤、醉酒驾驶（意外险）就不保。张

---

[1] 这是我在保险行业协会人民调解委员会调解的一起退保纠纷。

先生认为业务经理欺骗了他，很生气，也因此不再信任保险公司，所以提出退保，并要求保险公司全额返还其所交保费。

调解中，我询问张先生除了这份保险，他是否还有其他的商业保险，张先生说没有。于是，我向张先生再次介绍了他那份保险的功能，保什么、不保什么，优点和不足之处各有哪些。这份四年前买的保险，保费性价比相对较高，而且保障全面，我建议他最好不要退保。

很可惜，张先生没有听取我的建议，他的关注点始终聚焦于"被业务经理欺骗了"，很气愤，同时陈述其作为家庭支柱，老人小孩总共六口人都需要他来照顾，自己的工作奔波辛苦，前面被业务经理"欺骗"，后面到保险公司退保时了解到只能退回一小部分钱（现金价值），更加觉得自己的权利受到侵害，愤而投诉，希望把所交保费都退回来。

了解了张先生的工作和家庭情况后，我更加认为他不应该退保。所以我提醒他作为家庭支柱，这份保险能够在他发生住院医疗或重疾、身故等情况时，报销医疗费用、对重疾或身故进行赔偿给付，帮助他和他的家人渡过难关。因为跟业务经理置气就把保单退掉，不明智，也不应该。

即便我苦口婆心，张先生仍执着于自己的情绪，坚持退保并要求保险公司全额退还其所交保费。保险公司参与调解的工作人员也耐心建议张先生不要退保，如果执意退保的话，鉴于是张先生亲自填写的投保单，并且在电话回访中就回访事项都做了肯定答复，合同依法生效，作为投保人的张先生连续四年正常交费，保险公司提供了四年的保障，并实际理赔过两次，所以确实无法满足他全额退还保费的诉求。

最终，双方未能达成调解协议，本次调解以失败告终。

但愿张先生后续能平复情绪，冷静处理这一问题，也希望他能认识到基础保障对他本人及家庭的重要性，不要因斗气而退保。

对于保险，我一直本着客观的态度，认为保险是现代家庭的必备品。

即便经济条件好，家里不缺钱，也要做好防范风险的准备。更何况风险何时发生、损失是大是小，本就不可预估，谁又能保证自己已经筑起了财富的"铜墙铁壁"呢？

经济条件不好，更要买保险。一场大病，动辄几十万元的治疗费用；一场意外，收入马上中断。对于经济富裕的家庭，这也许不算艰难，但对于经济条件平平或不好的家庭来说，则是"屋漏偏逢连夜雨"。所以，保险，尤其是医疗险、意外险、重疾险等基础保障型保险，是此类家庭的必备产品。目前，市场上各家保险公司均推出了性价比颇高的医疗险和意外险，如果觉得终身型保险的交费压力大，选择定期产品用以过渡也是可以的。总之，钱多有钱多的买法，钱少有钱少的买法，每个人可以根据自己的情况选择适合自己的保险产品。

我们生在现代社会，有商业保险这种工具可供选择，帮助我们转移风险、挨过艰难，从而避免陷入向亲戚朋友借钱求助的尴尴尬境地，大大降低因病返贫的概率。这对于每个个体来说，是一种幸运。

（二）保险的进阶功能——资金规划

除了保障功能，保险还有其他的功能，我称之为"资金规划功能"，具体可以从以下三个方面来理解。

1. 日常积累"小钱"，需要时获得"大钱"，本就是一种对资金的跨时间规划

像医疗险、重疾险、意外险等基础保障型保险，它们既是一种保障，也是一种对资金的跨时间规划。为预防不确定的风险给自己带来的大额损失，日常积累"小钱"交纳保费，当发生保险事故时，本应由自己承担的大额损失会转移至保险公司，由其一起分担。这便是以现在确定的保费支出应对未来不确定的风险损失，以个体能够负担的小额资金应对风险发生时难以承受的大额损失。

2. 保险合同的多主体性使其具备资金规划功能

保险合同由投保人与保险公司订立，保费由投保人支付，受到保险合同保障的人是被保险人，享有保险金请求权的人是受益人。

单从资金流向看，资金以保费的形式由投保人支付至保险公司，由保险公司所有并管理运作，当被保险人发生保险事故或者达到合同约定的条件时，资金又以保险金的形式由被保险人或受益人取得。

借助保险合同，资金以不同的形态（如现金价值、生存保

险金、身故保险金等）在不同主体之间流转，同时，不同形态的资金在相关法律法规的框架下具备了不同的属性（如夫妻共同财产／一方个人财产、遗产／非遗产等）。谁做投保人、谁做被保险人、指定谁做受益人，选择什么样的保险（如寿险、年金险），交费多少，交费期选择多久，何时开始领取保险金，等等，这都是基于保险合同所做的资金规划。关于保险的这种资金规划功能，我会在后文中详细介绍。

3. 合理配置保单，可在婚姻、传承、安全资产配置等方面实现资金规划

为了避免婚前财产在婚后与夫妻共同财产混同，合理设计保单架构可以实现"易混财产固定化"，有效保全个人财产。

借助保单灵活指定及变更受益人的功能，还能够实现现金资产的高效定向传承。比如，父母作为投保人，子女作为被保险人，子女的婚姻和债务风险不会导致该保单被离婚分割或强制退保还债。这项功能使得保险成为不少父母在子女婚姻初期对其进行资金支持的常用工具之一。

直言"保险能避债"是片面、武断的，保险并不具备绝对避债的属性，但借助保险合同的多主体性，合理设计保单架构，可以实现在特定情形下的债务隔离功能。

关于本部分的解读，详见本书第三章至第五章。

▶ 本节复盘

1.盘点自己及家人的各类保单，算算每个人的医疗险、意外险、重疾险、寿险的保额分别是多少。评估一下每个人的保额是否充足，尤其重点关注家庭支柱的保额。

2.提前了解理赔流程，保留好各家保险公司的理赔报案电话，或关注其官方微信公众号，了解相关服务信息。

第二节　保险合同的主体

一份保险合同一般有四个主体：保险人、投保人、被保险人和受益人。为了帮助大家更好地理解这四个主体，我们借助案例来分析一下。

案例 2.2.1

杜女士与钱先生是夫妻，考虑到夫妻二人上有老、下有小，家庭责任比较大，她为爱人和自己购买了多份保险。其中，杜女士为钱先生购买了一份保额为 50 万元的重疾险（含身故责任），年交保费 1.5 万元，交 20 年，指定儿子小钱为身故受益人。

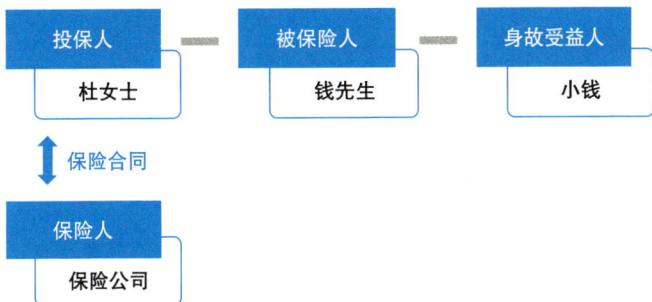

投保人	被保险人	身故受益人
杜女士	钱先生	小钱

保险合同

保险人
保险公司

杜女士的保单架构

在以上保单架构中，保险人就是保险公司，负责收取保费，提供保障。当钱先生罹患合同约定的疾病或发生身故时，保险公司要依约赔付重疾或身故保险金。

投保人杜女士，是签署保险合同并交纳保费的人。既然保险合同由投保人签订并支付保费，那么有权决定退保的自然也是投保人。投保人提出退保申请，保险公司须向其支付退保金。

另外，投保人还有权进行保单质押借款。有现金价值的保单，投保人可将保单质押向保险公司借款。什么情况下可以使用保单质押借款呢？比如，杜女士为自己投保了一份长期险，假设投保若干年后保单的现金价值为100万元，如果杜女士因资金周转急需用钱，不便向亲戚朋友开口借钱，银行贷款审批手续较多或较慢时，杜女士便可以用该保单向保险公司质押借款。一般来说，可借款的最高比例为保单现金价值的80%。也就是说，投保的金额越大，积累的现金价值越多，借款的额度就越高。注意，当投保人和被保险人不是同一人，且所投保的是一份以死亡为给付保险金条件的保险（如终身寿险、两全险等）时，保单质押借款须经被保险人书面同意。

《保险法》

第三十四条第二款　按照以死亡为给付保险金条件的合同所签发的保险单，未经被保险人书面同意，不得转让或者质押。

被保险人是钱先生，是人身受到保险合同保障，能够触发保险理赔并享有保险金请求权的人。在重疾险中，钱先生是被保险人，同时也是受益人，毕竟发生重疾的是钱先生，因这份保险而受益的，也应当是钱先生本人。

身故受益人是两人的儿子小钱，这就意味着如果被保险人钱先生没有发生重疾，而是不幸身故，保险公司应当依约将保险金给付给合同约定的身故受益人小钱。

关于保险合同的主体，可进一步关注以下内容。

一、可以给谁买保险

生活中，大家一般都是给与自己有关系的人买保险，比如给自己、配偶、父母、子女或者员工买，而不是给不相干的人买。一来，我们没有必要为不相干的人买保险；二来，为了防范通过给他人买保险再实施加害行为以获得高额赔偿金的这种道德风险，法律也规定投保人和被保险人之间必须具备保险利益才能投保。

保险利益，是指投保人或者被保险人对保险标的具有的法律上承认的利益。

投保人对哪些人具有保险利益，我国《保险法》第三十一条中做了规定：

投保人对下列人员具有保险利益：

（一）本人；

（二）配偶、子女、父母；

（三）前项以外与投保人有抚养、赡养或者扶养关系的家庭其他成员、近亲属；

（四）与投保人有劳动关系的劳动者。

除前款规定外，被保险人同意投保人为其订立合同的，视为投保人对被保险人具有保险利益。

订立合同时，投保人对被保险人不具有保险利益的，合同无效。

通过《保险法》第三十一条可知，投保人可以为以下人员投保：

（一）本人、配偶、子女及父母

（二）家庭其他成员、近亲属（投保人须与被保险人具有抚养、赡养或扶养关系）

我以"侄子未成年，亲生父母已故，侄子由姑姑抚养，姑姑打算为侄子投保医疗险和重疾险"的咨询案例向两家保险公司咨询，对方给予的答复是"可以投保，但必须提交监护关系证明"。当然，不同情形下具体的投保资料以各家保险公司的核保要求为准。

注意，为未成年人投保以死亡为给付保险金条件的保险时（如人身意外伤害保险、人寿保险），投保人要么是未成年人的父母，要么是父母之外其他履行监护职责的人，且须经未成年人父母的同意。

《保险法司法解释（三）》

第六条　未成年人父母之外的其他履行监护职责的人为未成年人订立以死亡为给付保险金条件的合同，当事人主张参照保险法第三十三条第二款、第三十四条第三款的规定认定该合同有效的，人民法院不予支持，但经未成年人父母同意的除外。

前述咨询案例中，因侄子的父母已故，姑姑作为监护人仅能投保医疗险、重疾险等此类不含身故责任的保险。这样的规定，是对未成年人权益的保护。从人情伦理来讲，父母之外的其他监护人与未成年人之间的关系没有父母那么密切，实践中也确实存在一些抚养人或孤儿院、福利院虐待未成年人的情形。因此，最高人民法院司法解释并未允许在父母均已身故的情形下由其他监护人为未成年人投保以死亡为给付保险金条件的保险。

（三）用人单位可为与其具有劳动关系的劳动者投保

很多企业为提升员工福利，会为劳动者购买医疗险或团体意外险。企业之所以能够作为投保人为员工购买此类人身保险，原因在于企业和员工之间存在劳动关系，企业因此对员工依法具有了保险利益，可以为其投保。只不过，保单的受益人不能指定为企业，只能指定为被保险人本人或其近亲属，以保障被保险人的人身权益，防范道德风险。

《保险法》

第三十九条第二款　投保人指定受益人时须经被保险人同意。投保人为与其有劳动关系的劳动者投保人身保险，不得指定被保险人及其近亲属以外的人为受益人。

（四）经被保险人同意后，其他人（如男／女朋友）也可以为其投保，但为了防范道德风险，保障被保险人的人身生命利益，实际操作中多数的保险公司对此类投保申请不予承保

倘若投保时投保人隐瞒或错误告知了其与被保险人的关系，保险公司赔不赔呢？这种情况下，如有证据证明被保险人同意投保人为其投保，那么被保险人在保险期间内发生保险事故的，保险公司应当依约承担保险责任。

案例 2.2.2

吴大妈和刘大爷是三十几年的邻居，两家关系甚是要好。2014 年 8 月，某保险公司业务员向刘大爷推荐该公司的一款防癌险，告诉他如果投保了这份保险，今后不幸罹患癌症，保险公司将赔付癌症确诊保险金、住院津贴以及癌症手术费等诸多费用。

刘大爷一听，觉得这份保险产品性价比还挺高，于是不仅给自己买了一份，还打电话告诉了吴大妈，在得到吴大妈的肯定回复后，也顺带帮吴大妈投保了一份。

2016 年 2 月，吴大妈在体检的过程中被查出胃癌，为治疗癌症，吴大妈花费了很大一笔钱。经过刘大爷的提醒，吴大妈想起了自己曾经买的那份防癌险，于是向保险公司申请理赔，但保险公司以投保人刘大爷与吴大妈非亲非故，不存在保险利益为由，拒绝向吴大妈赔付保险金。吴大妈随后向法院起诉，要求保险公司赔付各项保险金共计 16 万余元。

庭审中，吴大妈表示保险公司的说法没有道理。自己当时同意刘大爷为其投保，保险合同依法有效，保险公司应当承担理赔责任。

法院经过审理后认为，依据《保险法》第三十一条的规定"被保险人同意投保人为其订立合同的，视为投保人对被保险人具有保险利益"，因此刘大爷对吴大妈具有保险利益。据此，法院判决保险公司赔付吴大妈各项保险金 16 万余元。保险公司未提起上诉，现已将款项赔付给了吴大妈。

二、谁有权解除保险合同

（一）保险合同的任意解除权由投保人享有

保险合同是投保人和保险人双方订立，二者是合同的当事人，被保险人和受益人并不是签订合同的主体，他们属于保险合同的关系人。

保险合同中享有合同任意解除权的是投保人本人。毕竟，买保险是投保人的意愿，买不买、给谁买、退不退保、何时退，也应当由投保人说了算。

保险人即保险公司是订立合同的另一方，受到合同的约束，应当按照约定履行自己的义务，不得擅自变更或解除合同。试想，如果保险公司可以随随便便解除合同的话，谁还敢买保险。

（二）特殊情形下，保险公司可以解除合同

保险公司的确不能随便解除合同，但在以下几种特殊情形下，保险公司拥有合同的解除权：

第一，若投保人故意或者因重大过失未履行如实告知义务，足以影响保险人决定是否同意承保或者提高保险费率的，保险人在法律规定的期限内有权解除合同。关于投保人的如实告知义务和保险公司的解除权问题，我将在本章第三节进行详细解读。

第二，《保险法》第二十七条规定，未发生保险事故，被保险人或者受益人谎称发生了保险事故进而向保险人提出理赔申请的，保险人有权解除合同，并不退还保险费。投保人、被保险人故意制造保险事故的，保险人有权解除合同，不承担赔偿或者给付保险金的责任。

第三，《保险法》第三十二条规定，投保人申报的被保险人年龄不真实，并且其真实年龄不符合合同约定的年龄限制的，保险人可以解除合同，并按照合同约定退还保单的现金价值。

但是，即便被保险人的真实年龄不符合产品要求的参保年龄，保险公司也不是想什么时候解除合同就什么时候解除合同的。保险公司必须在合同成立之日起两年内行使解除权，而且要

在知道年龄误告事宜的 30 日内行使；如果合同成立已超过两年，就算保险公司知道投保时被保险人的年龄确实不符合承保要求，也不能以此为由解除合同。

第四，合同效力中止之日起满两年，保险公司和投保人关于合同效力恢复事宜未达成协议的，保险公司有权解除合同。

这里涉及一个问题，保险合同效力中止是什么意思？

投保以后，投保人需要按时交纳保费。如果是分期交费的保险，若合同中没有例外约定，到了交费期限投保人没有交费的，合同不会马上失效，而是会给投保人一个交费的宽限期，宽限期内出险，保险公司仍会承担保险责任。

至于宽限期是多久，保险合同中会有约定，多数约定为"自保险费约定支付日的次日零时起 60 日为宽限期"；如果宽限期结束后仍未支付保费，合同便在宽限期届满的次日零时起效力中止。合同效力中止后，若被保险人出险，保险公司是不需要承担保险责任的。这里说的"效力中止"，即中断、暂时停止的意思，尚没有彻底终止，还有挽救的机会。如果投保人想继续享有这份保险的保障，可以向保险公司申请恢复合同效力（即复效），经与保险公司协商并达成复效协议的，合同在投保人补交保费后恢复效力。

注意，并非只要投保人申请复效，保险公司就必须同意，如果被保险人的身体状况在保险欠费失效这段时间内发生变化，已不符合相应的承保要求时，保险公司有权不同意恢复合同效力，

或者加费承保 ①、除外承保 ②。

如果在合同效力中止之日后满两年，双方仍未就合同的复效问题达成协议的，保险公司便有权解除合同。毕竟这事儿老悬着也不合适，对合同双方都是一种不必要的牵绊，既然是因为投保人没按时交费而导致合同效力中止的，且过了长达两年的中止期还未能复效，那么保险公司便有权解除合同以结束这种悬而未决的状态。

《保险法》

第二十七条　未发生保险事故，被保险人或者受益人谎称发生了保险事故，向保险人提出赔偿或者给付保险金请求的，保险人有权解除合同，并不退还保险费。

投保人、被保险人故意制造保险事故的，保险人有权解除合同，不承担赔偿或者给付保险金的责任；除本法第四十三条规定外，不退还保险费。

保险事故发生后，投保人、被保险人或者受益人以伪造、变造的有关证明、资料或者其他证据，编造虚假的事故原因或者夸

---

① 加费承保：对于一些患有全身性疾病，其严重程度不大，未达到保险公司的拒保程度，又无法通过除外方式来进行承保的，则提高其保险费以达到费率公平的目的。人身意外保险中对于职业风险较高的人在承保时也通常采用加费方式。

② 除外承保：根据被保险人的身体状况，对某一种或多种疾病不予承担保险金给付责任，除所列不保的范围之外，其他情形按合同约定承担保险责任。

大损失程度的，保险人对其虚报的部分不承担赔偿或者给付保险金的责任。

投保人、被保险人或者受益人有前三款规定行为之一，致使保险人支付保险金或者支出费用的，应当退回或者赔偿。

第三十二条 投保人申报的被保险人年龄不真实，并且其真实年龄不符合合同约定的年龄限制的，保险人可以解除合同，并按照合同约定退还保险单的现金价值。保险人行使合同解除权，适用本法第十六条第三款、第六款的规定。

投保人申报的被保险人年龄不真实，致使投保人支付的保险费少于应付保险费的，保险人有权更正并要求投保人补交保险费，或者在给付保险金时按照实付保险费与应付保险费的比例支付。

投保人申报的被保险人年龄不真实，致使投保人支付的保险费多于应付保险费的，保险人应当将多收的保险费退还投保人。

第三十六条 合同约定分期支付保险费，投保人支付首期保险费后，除合同另有约定外，投保人自保险人催告之日起超过三十日未支付当期保险费，或者超过约定的期限六十日未支付当期保险费的，合同效力中止，或者由保险人按照合同约定的条件减少保险金额。

被保险人在前款规定期限内发生保险事故的，保险人应当按照合同约定给付保险金，但可以扣减欠交的保险费。

第三十七条 合同效力依照本法第三十六条规定中止的，经保险人与投保人协商并达成协议，在投保人补交保险费后，合同效力恢复。但是，自合同效力中止之日起满二年双方未达成协议的，保险人有权解除合同。

保险人依照前款规定解除合同的，应当按照合同约定退还保险单的现金价值。

作为消费者，我们要注意保费的交纳事宜，切勿因为延误交费而失去了保险保障。

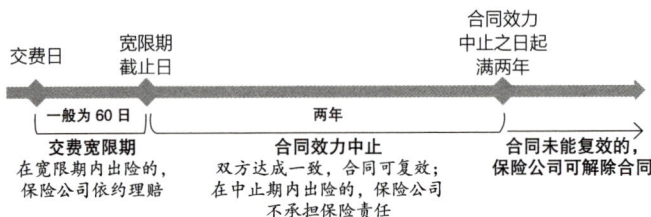

分期交费的保险的交费宽限期及合同效力中止

我们来看一个案例。

案例 2.2.3[①]

张女士投保了一份组合保险，含寿险、重疾险、意外险、医疗险等，其中意外险的保额为 20 万元。后因未按时交纳保费导致合同效力中止，经保险公司提醒并安排服务人员上门服务，张女士决定继续交费，恢复合同效力。

————————

① 本案是我参与调解的一起保险理赔纠纷。

合同复效后，张女士发生交通事故受伤，向保险公司申请理赔，保险公司经审查发现，张女士的保险仅含寿险及重疾险，未包含意外险以及医疗险，进而未予理赔。张女士不认同保险公司的理赔决定，遂起纠纷。

双方向保险行业协会人民调解委员会申请调解。调解中，张女士称，当初办理保单复效时因为自己不懂操作，是服务人员全程帮她线上操作，自己并不知道服务人员没有办理意外险和医疗险的投保续费事宜。保险公司向当初为张女士办理复效的服务人员刘某核查，刘某称为张女士办理保单复效时，曾提醒过对方关于意外险和医疗险的交费事宜，但张女士以有医保及节省保费为由提出不再续保意外险和医疗险。于是，在张女士未投保意外险和医疗险的情况下，保险公司做出了不予赔付的处理决定。

调解过程中，保险公司基于企业责任和客户关怀精神，同意就本案意外险部分通融赔付残疾保险金 2 万元（依据《人身保险伤残评定标准》，张女士的伤残情况所对应的给付比例为 10%，原意外险的保额 20 万元 × 10% = 2 万元），对张女士的医疗费诉求不予赔付。张女士则坚持要求保险公司按照意外险的保额赔偿 20 万元。

作为调解员，我仔细向张女士解释了意外险保额 20 万元的含义，即只有在发生意外身故或者全残的情况下，才会赔到保额上限 20 万元。张女士的受伤情况对应的人身保险伤残程度为十级，那么保险金的给付比例是 10%，也就是 2 万元。目前暂且不讨论保单复效操作时未办理意外险和医疗险续费的责任在谁这个问题，假定当初办理了意外险的续费投保，理赔时保险公司应当承担的给付责任也仅是 2 万元，而非身故或全残情况下的 20 万元。目前，保险公司对该意外险愿意通融赔付，我建议张女士好好考虑一下。

但由于张女士要求保险公司赔偿 20 万元态度坚决，保险公司确实无法满足她的诉求，最终本案调解失败。

通过案例 2.2.3，我们可以得出以下结论：

第一，既然购买了保障型保险，图的就是保障，按时交费，不要因欠费导致合同中止失效。万一发生保险事故，"从来没有买过保险"和"买了保险，但因疏忽忘了交费导致保障中断"，这两种情形下的懊悔程度是截然不同的。

第二，我们应当积极争取自己的权益，但要建立在有理有据的基础之上。本案中张女士认为是保险公司工作人员的失误导致她失去了相应的意外及医疗保障，不同意保险公司的理赔意见，其积极争取的态度值得肯定。但在保险公司做出通融赔付意见的情况下，张女士仍坚持要求保险公司给付远高于条款约定的赔偿金额，于情于法，保险公司都难以满足其诉求。所以，我建议大家理性维权，提出合理的诉求。

第三，保险公司的相关工作人员要重视对客户的合同说明义务，让客户清楚自己买的保险保什么、不保什么，尽量做到工作留痕。本案中，客户说合同复效事宜是由保险公司的工作人员帮其全程线上操作，工作人员则说当时确实提醒过客户意外险和医疗险需要每年交费，客户考虑后告知其不再续保这两项附加险，双方说法不一且均无证据予以证明。保险公司作为保险产品及合同条款的提供方，有义务向客户说明其产品及条款的内容。具体到保险公司的工作人员，是保险公司这一说明义务的执行人，为了维护客户的利益，也为了避免出现类似本案的这种纠纷，工作人员应当尤其重视对客户的解释说明义务，让客户买得明白、买得放心。

（三）投保人与被保险人并非同一人时，若所投保险含身故保障，投保须经被保险人的同意；被保险人撤销同意的，可认定为保险合同解除

我们知道，保险合同是由投保人和保险公司双方订立的，投保人可以根据自己的意愿决定是否退保。被保险人是合同保障的对象，若投保人和被保险人不是同一人时，保险合同不由被保险人签订，保费也不由其支付，一般来说，被保险人是不可以像投保人一样任意解除保险合同的，这样有损合同的稳定性，徒增交易成本。

但是，如果是以死亡为给付保险金条件的保险，如人寿保险、生死两全保险以及意外伤害保险等，这样的保险直接影响的是被保险人的生命，投保时须征得被保险人同意，如果被保险人不想让投保人为其投保这份含身故责任的保险，被保险人便可撤销其所作出的同意意思表示，这会被认定为保险合同解除，投保人可以依法要求保险公司返还保单的现金价值。

《保险法》

第三十四条第一款 以死亡为给付保险金条件的合同，未经被保险人同意并认可保险金额的，合同无效。

《保险法司法解释（三）》

第二条 被保险人以书面形式通知保险人和投保人撤销其依据保险法第三十四条第一款规定所作出的同意意思表示的，可认定为保险合同解除。

注意，被保险人撤销同意必须以书面形式通知保险公司和投保人。

三、投保人可以变更

在案例 2.2.1 的保险合同关系中，投保人杜女士与保险公司订立保险合同，为被保险人钱先生投保，指定二人的儿子小钱为受益人。随着家庭成员结构、财务状况或者传承意愿的变化，投保人和受益人是可以自由变更的。需要变更投保人的情况主要有以下三种：

（一）为避免继承纠纷的投保人变更

我们回顾一下，杜女士投保的这份重疾险是含身故保障的。如果杜女士先于被保险人钱先生去世，那么这份保单的现金价值就会成为杜女士的遗产，很可能引发关于保单现金价值的继承纠纷。为了避免这种情况发生，杜女士可以将投保人变更为钱先生本人，此时钱先生既是投保人，也是被保险人，他身故时，保险公司会直接将保险金给受益人小钱，避免了可能产生的继承纠纷。

（二）为避免债务追及的投保人变更

比如，钱先生和杜女士打算经营一家企业，但是担心因缺乏经验或市场环境等因素而产生债务无法清偿，届时若企业债务危及家庭财产，二人名下的大额保单也在责任财产[①]之列，有被执行还债的风险。

针对这种情况，杜女士可以将自己与钱先生作为投保人的保单进行投保人变更，变更为两人之外的第三人，比如父母或者成年子女。变更投保人，意味着变更之后保单的现金价值权益不再属于钱先生和杜女士，自然也就不会因为两人的债务而被执行还债。这种提前变更投保人的方法，属于在风险发生之前未雨绸缪，保全了大额保单这种家庭保障类、基础类的资产，使得家庭在危难之中仍有安身立命或东山再起的资本。

需要注意的是，凡是规划，必须提前！倘若公司已经陷入债务危机，出现资不抵债的情况，这时候才变更投保人，属于无偿转移财产、恶意避债的行为，债权人是可以起诉至法院请求撤销的。如果变更投保人的时间已经超过五年，债权人仍未行使撤销

---

① 责任财产：指责任人用以承担民事清偿责任的财产。一般来说，责任人所有的房产、存款、公司股权等，均属于其责任财产。

权的，他的撤销权就会丧失，也就不能再要求法院撤销债务人变更投保人的行为了。

《民法典》

第五百三十八条　债务人以放弃其债权、放弃债权担保、无偿转让财产等方式无偿处分财产权益，或者恶意延长其到期债权的履行期限，影响债权人的债权实现的，债权人可以请求人民法院撤销债务人的行为。

第五百四十一条　撤销权自债权人知道或者应当知道撤销事由之日起一年内行使。自债务人的行为发生之日起五年内没有行使撤销权的，该撤销权消灭。

因此，我们要对自己的财务状况有预见、有规划，提前进行资产配置和财产保全，避免风险发生之后才想着如何去规避。

（三）离婚情形下的投保人变更

杜女士在婚后用夫妻共同财产为丈夫钱先生投保，从保险合同上看，保单的现金价值权益虽然属于杜女士，但性质上仍为夫妻共同财产。倘若两人离婚，双方可就保单的分割事宜进行协商。如果钱先生想保留这份保单，可以不退保，考虑到后续交费或者理赔等事宜的便利，最好将投保人由杜女士变更为钱先生本人。至于保单价值的离婚分割问题，二人可协商由钱先生向杜女士支付相应的资金补偿。

在此，读者可能存在疑问：如果杜女士和钱先生离婚，但没有变更投保人，保险合同会无效吗？不会，如果钱先生发生了保险事故，保险公司应当依约承担保险责任。因为人身保险只要求合同订立时投保人对被保险人应当具有保险利益，保险合同订立后，即便投保人丧失了对被保险人的保险利益，比如离婚后杜女士与钱先生不再是夫妻关系，但保险合同仍然有效，双方仍须按照合同约定履行相应的义务。

《保险法司法解释（三）》

第四条　保险合同订立后，因投保人丧失对被保险人的保险利益，当事人主张保险合同无效的，人民法院不予支持。

四、指定受益人的实质决定权在被保险人

下面，我们来谈谈受益人的变更。在案例 2.2.1 中，保单的身故受益人是小钱，这就意味着，如果被保险人钱先生发生保险事故不幸身故，保险公司需要向小钱依约支付身故保险金。

保险合同由投保人签订，保障的是被保险人，这份保险的身故保险金最终由何人取得，此事的决定权在谁？是投保人，还是被保险人？我们来看一下《保险法》及其司法解释的相关规定。

《保险法》

第三十九条　人身保险的受益人由被保险人或者投保人

指定。

投保人指定受益人时须经被保险人同意。投保人为与其有劳动关系的劳动者投保人身保险，不得指定被保险人及其近亲属以外的人为受益人。

被保险人为无民事行为能力人或者限制民事行为能力人的，可以由其监护人指定受益人。

《保险法司法解释（三）》

第九条第一款　投保人指定受益人未经被保险人同意的，人民法院应认定指定行为无效。

可见，指定谁作为身故受益人的实际决定权在被保险人。

法律之所以这样规定，原因有二：一是身故保险金的给付是以被保险人的生命为代价的，由被保险人选择其最惦念、最关爱的人作为身故受益人最合适，也在情理之中；二是从防范道德风险的角度考虑，也应当由被保险人来指定受益人。在含身故保障的保险中，对被保险人而言，受益人的谋财害命无疑是最大的道德风险，由被保险人选择其最信赖、最亲近的人作为身故受益人，则能够最大限度地避免这种道德风险。

当然，在自己为自己投保，投保人和被保险人是同一人的情形下，指定谁做受益人，便由投保人自己说了算。

五、指定谁为受益人

受益人，即享有保险金请求权的人，人身保险中包含生存受益人和身故受益人。若合同没有例外约定，生存保险金[①]、满期生存保险金、重疾保险金以及意外残疾的保险金，其受益人就是被保险人本人。平时大家习惯所称的受益人往往是指身故受益人。

在我处理的投保咨询中，关于指定谁为受益人，问得较多的问题是："可以指定非婚生子女、同性伴侣或者没有亲属关系的其他人做受益人吗？"

这个问题年轻人问得最多，因为年轻人的生活观念多元，且在社会氛围更加自由、包容的环境中成长。在他们之中，选择不婚或者丁克的人逐渐增多。所以，在为自己购买保险时，除配偶、父母、子女这些常规受益人选项之外，侄子、外甥、生活伴侣也在他们保单受益人的选项范围内。

我国《保险法》关于受益人的范围其实没有明确的限制性规定，仅在第三十九条中要求"投保人指定受益人时须经被保险人同意。投保人为与其有劳动关系的劳动者投保人身保险，不得指定被保险人及其近亲属以外的人为受益人"。也就是说，被保险

---

① 生存保险金：指保险合同约定在某一特定时间被保险人仍生存的，保险公司按约定给的保险金。比如，某年金保险中，从保单生效后第五个保单周年日开始，以后每年只要被保险人在保单周年日仍生存，保险公司就会按其年交保费的 $N\%$ 给一笔钱，这笔钱就是生存保险金。

人是可以根据自己的意愿指定身故受益人的，毕竟，以被保险人生命作为保险标的的保险，身故保险金将来给谁，首先应当遵循的是被保险人的意愿。即便是为了防范道德风险，也没有哪个人会以自己的生命为代价指定毫不相干的人作为受益人。总之，法律是尊重被保险人指定何人为身故受益人的意愿的。

但是，为了防范道德风险，各家保险公司在实际操作中会对受益人的范围做出一定限制。一般而言，在指定受益人时，投保人或被保险人可自由选择配偶、父母、子女这三类选项，若欲指定这三类以外的其他人作为受益人，比如兄弟姐妹、孙子女、外孙子女、侄子女、外甥子女、叔伯、姑姑、舅舅、姨妈、儿媳、女婿等，往往需要提供相应的情况说明和关系证明，然后申请保险公司内部审批或备案。

指定受益人时，可以指定一人，也可以指定多人。

指定多人为受益人的，还可以指定各个受益人的受益顺序和受益份额，如果没有确定受益份额的，受益人按照相等份额享有受益权。

《保险法》

第四十条　被保险人或者投保人可以指定一人或者数人为受益人。

受益人为数人的，被保险人或者投保人可以确定受益顺序和受益份额；未确定受益份额的，受益人按照相等份额享有受益权。

购买保险时，受益人一栏填写的是"法定"或"法定继承人"，相当于指定了我国《民法典》第一千一百二十七条规定的法定继承人为受益人，这种方式虽然不是指名道姓地指定了受益人，但仍属于有受益人的状态，身故保险金不至于因为保单未指定受益人而作为被保险人的遗产进入继承程序。

《民法典》

第一千一百二十七条　遗产按照下列顺序继承：

（一）第一顺序：配偶、子女、父母；

（二）第二顺序：兄弟姐妹、祖父母、外祖父母。

继承开始后，由第一顺序继承人继承，第二顺序继承人不继承；没有第一顺序继承人继承的，由第二顺序继承人继承。

本编所称子女，包括婚生子女、非婚生子女、养子女和有扶养关系的继子女。

本编所称父母，包括生父母、养父母和有扶养关系的继父母。

本编所称兄弟姐妹，包括同父母的兄弟姐妹、同父异母或者同母异父的兄弟姐妹、养兄弟姐妹、有扶养关系的继兄弟姐妹。

《保险法司法解释（三）》

第九条第二款　当事人对保险合同约定的受益人存在争议，除投保人、被保险人在保险合同之外另有约定外，按以下情形分别处理：

（一）受益人约定为"法定"或者"法定继承人"的，以民法典规定的法定继承人为受益人；

（二）受益人仅约定为身份关系，投保人与被保险人为同一主体的，根据保险事故发生时与被保险人的身份关系确定受益人；投保人与被保险人为不同主体的，根据保险合同成立时与被保险人的身份关系确定受益人；

（三）约定的受益人包括姓名和身份关系，保险事故发生时身份关系发生变化的，认定为未指定受益人。

六、受益人指定后仍可根据意愿进行变更

如前文所述，谁做受益人的实际决定权在被保险人手中，变更受益人须征得被保险人的同意，否则无效。

《保险法》

第四十一条第二款　投保人变更受益人时须经被保险人同意。

投保时虽指定了受益人，但随着时间的推移，有的身份关系或者家庭结构可能会发生变化，被保险人关于自己身故后由谁取得保险金这一事宜也常常会有新的想法，此时便可以变更或增加受益人。实践中，变更受益人的操作比较简单，可以到保险公司服务柜面办理，也可以直接在保险公司提供的 App、微信小程序等直接

线上办理。

　　假设杜女士与钱先生几年后有了二胎，他们就可以增加二胎作为受益人，未来（外）孙子女出生后，为体现对第三代的爱，也可以将受益人变更为（外）孙子女。

　　对于子女较多、家庭关系较复杂的家庭来说，当事人为了避免自己百年后继承人之间的争产纠纷，可以为自己投保多份含身故责任的寿险、年金险等，按意愿指定或变更受益人，将来受益人可以凭借保单办理保险金的申领手续，无须受益人之外的其他人同意，这便是指定保单的受益人在财富传承上的运用之一。

▶ 本节复盘

　　1. 查看一下你的含身故责任的大额保单，看看受益人指定的是谁？

　　2. 若受益人写的是"法定"或"法定继承人"，我建议明确指定受益人。

第三节　健康告知和"两年不可抗辩条款"

现代社会中，不少人因为工作压力大、饮食不规律、缺少锻炼等原因而处于亚健康状态。比如，去年体检乳腺检查异常，上个月扁桃体发炎，这个月肠胃不舒服去药店拿过几次药，等等。在投保大部分的人身保险时（如医疗险、重疾险、寿险等），我们都需要填写"健康告知"，即根据提示告知自己的各项健康状况。那么，哪些状况应当告知，哪些状况可以不告知？如果没有如实告知会有什么后果？投保人如果没有如实告知，两年后出险，保险公司就必须赔，是真的吗？……本节我就来一一解答这些问题。

一、投保时应当如实告知

我们买保险最重要的目的，是将可能发生的风险转移给保险公司。投保人向保险公司提出投保申请后，是否承保，按什么费率承保，是由保险公司根据被保险人的健康状况来决定的。那么，保险公司是如何了解被保险人的各项健康状况的呢？就是通过投保单上的健康告知。此时，就需要投保人在充分了解被保险人的健康状况后，如实、客观填写健康告知。

《保险法》

第十六条第一款　订立保险合同，保险人就保险标的或者被保险人的有关情况提出询问的，投保人应当如实告知。

大家可能会想，既然理赔的时候保险公司可以查到被保险人的各项体检结果和住院信息，那么投保时保险公司为什么不先查询一下呢？根据查询结果决定保或不保，这样就免得让投保人自己告知，毕竟确实可能会出现投保人因为疏忽或者忘记了某项诊疗记录而导致没有告知的情形。

保险公司在消费者投保时不去查询，主要是考虑成本问题。我国的医疗机构在过去几十年主要使用纸质档案，而不是电子档案，无法做到智能筛查。此外，虽然目前各个医疗、体检机构以及社会保障局等逐渐建立了电子信息系统，但标准化和深度共享还未能完全实现。在这种情况下，面对每天成交的海量保单，让保险公司在客户投保时先行去调查客户的各项健康信息，需要大量的时间和人力成本，如果真这样做的话，保险公司最终会将这项工作产生的金钱成本转嫁到消费者一方，最明显的表现就是增加投保人的保费，这恐怕不是保险消费者希望看到的结果。

因此，在保险合同订立环节，要求投保人一方充分了解被保险人的相关健康情况并如实告知，保险公司基于对投保人的信任作出相应的承保决定，这种方式在目前的技术条件和客观背景下，是符合消费者和保险公司双方利益的。

二、健康告知，问什么告知什么

投保时需要如实告知，这里的"告知"，不是要求投保人"无限告知"，而是保险公司问什么就告知什么，即"询问告知"，没有问的便可以不用告知。

我们在购买保险时，保险公司主要采用书面形式就保险标的的相关情况进行询问。如果是线上投保，投保页面上会有需要投保人勾选或填写的询问事项，投保人仔细阅读后根据实际情况如实告知即可。

人身保险的健康告知中询问的事项主要包括：过往投保及理赔情况，既往病史、住院或手术的治疗情况、目前的健康状况等。如果的确记不清某些病史情况，建议及时查询就诊记录、诊断报告等相关诊疗资料，避免因健康告知不准确，影响将来理赔。当然，对于健康告知中列举的自己从未检查出的症状或疾病，我们不需要专门通过体检来证明自己是健康的。总之，健康告知主要是根据保险公司的询问，以自身知晓及相关体检或诊疗记录证实的情况为基础进行的如实、客观告知。

三、不如实告知的影响

保险合同是一份基于双方的信任而签订的合同，投保一方诚实地告知保险标的的相关情况，保险公司根据投保人的告知作出承保决定，一旦承保后，保险公司应当按照合同约定诚实地履行保障义务。正如《保险法》第五条的规定："保险活动当事人行使权利、履行义务应当遵循诚实信用原则。"

如果投保人因故意或重大过失隐瞒了某项健康问题（如隐瞒既往病史或体检显示某个指标严重异常等），且投保人隐瞒的健康问题比较重要，足以影响保险公司的承保结论（比如，保险公司提前知道便不会承保，或者即便愿意承保但要增加保费或免除部分责任），但是由于投保人没有如实告知，保险公司正常承保了，那么可能产生以下两种结果：

（一）合同成立两年内保险公司发现的，有权解除合同

例如，保险合同成立两年内，被保险人出险申请理赔，保险公司核查到投保人隐瞒了重要健康状况，或者被保险人没有出险，保险公司利用大数据进行风险核查，查到了投保人存在严重未如实告知的情形，保险公司均可依法行使解除权，解除合同进而无须再承担保险责任。

（二）以重疾险为例，合同成立两年后，保险公司依然可以对被保险人的既往疾病不承担责任

重疾险一般仅对保险期间内经医院确诊"初次发生"的约定重疾承担赔付责任，也就意味着既往疾病是不在保险责任范围内的。如果投保时故意隐瞒某项重大疾病，合同成立超过两年后才去申请理赔，保险公司依然是可以拒赔的。

四、正确理解"两年不可抗辩条款"

不论是消费者，还是保险销售人员，大多听过"没有如实告知也没关系，过了两年，保险公司就必须赔"的说法，这个说法对吗？

我先说结论：这个说法并不准确，是对《保险法》第十六条的片面解读。

（一）正确理解《保险法》第十六条

《保险法》

第十六条（第一款至第三款） 订立保险合同，保险人就保险标的或者被保险人的有关情况提出询问的，投保人应当如实告知。

投保人故意或者因重大过失未履行前款规定的如实告知义务，足以影响保险人决定是否同意承保或者提高保险费率的，保险人有权解除合同。

前款规定的合同解除权，自保险人知道有解除事由之日起，超过三十日不行使而消灭。自合同成立之日起超过二年的，保险人不得解除合同；发生保险事故的，保险人应当承担赔偿或者给付保险金的责任。

也就是说，如果投保人在购买保险时，没有做到如实告知，比如隐瞒了一些病情，而这个病情又会影响保险公司的承保结果，那么保险公司知道后是可以解除已经生效的保险合同的，合同解除了，保险公司自然不用承担赔付责任。

但是，为保护保险消费者的权益，法律规定保险公司因投保人没有如实告知而解除合同，是有时间限制的。如果合同成立已经超过两年，保险公司就不能再以投保人未如实告知为由解除合同，而要对保险事故依约承担赔付责任。即便是在合同成立两年内，保险公司通知投保人解除合同的，也必须在其知道有解除事由之日起 30 日内行使。超过 30 日不行使，解除权随之消失。

我们来看一个案例。

案例 2.3.1

投保人 A 女士为其丈夫 B 先生投保某款终身重疾险，基本保险金额为 20 万元，年交保费 11268 元，交费期 20 年，合同生效日为 2018 年 1 月 18 日，投保人依约交纳保费。

保险合同条款约定"被保险人于 18 周岁保单生效对应日后身故，保险公司按本合同基本保险金额的 100% 给付身故保险金，保险合同终止"。

2020 年 3 月 8 日，B 先生因患前列腺恶性肿瘤去世。

A 女士作为保险受益人向保险公司索赔身故保险金 20 万元，保险公司于 2020 年 5 月 15 日以投保人不如实告知被保险人在投保前因患有高血压病、脑内多发缺血灶、脑萎缩、左心房增大等病史，作出全额拒付、不退还保费的处理决定，并通知 A 女士解除保险合同。

A女士不认同该保险公司的理赔决定，起诉至法院。

双方争议的焦点之一为保险公司是否有权解除案涉保险合同。

根据《保险法》第十六条之规定，该条赋予了保险人合同解除权，对于保险合同纠纷中投保人不履行如实告知义务这种行为的法律后果作出明确规定，其时限为自知道有解除事由之日起，应当在三十日内行使解除权。但该条同时对该合同解除权也做了限制，即不管如何，自合同成立之日起超过二年的，保险人不得解除合同；发生保险事故的，保险人应当承担赔偿或者给付保险金的责任。

本案保险合同自2018年1月17日成立，至2020年3月8日B先生去世，再到保险公司于2020年5月15日向A女士出具《不予给付书》均已超过二年。因此，根据《保险法》第十六条之规定，保险公司要求解除合同，没有法律依据，该合同不能解除。

本案中，B先生系因患前列腺恶性肿瘤去世的，不管投保人是否履行如实告知义务，因未告知的内容与保险事故发生之间不具有因果关系，保险公司亦应承担保险责任。因此，保险公司应当承担赔付保险金的责任。

二审法院维持一审判决。

通过案例2.3.1的基本案情与法院判决可见，我国现行《保险法》对保险公司基于投保人未如实告知重大健康事项而解除合同的权利进行了两方面的时间限制：一是要求保险公司若在合同成立两年内以投保人未如实告知为由解除合同，必须在知道有解除事由之日起的 30 日内行使合同解除权（即通知投保人解除合同）；二是如果保险合同成立已超过两年，那么即便保险公司知道投保人当初隐瞒了重要病史等健康问题，也无权再以投保人未如实告知为由而解除合同。

《保险法》作出这一规定，对于保险消费者来说自然是利好，既可以避免保险公司以投保人没有如实告知为由动辄解除合同，也有利于在我国保险业发展阶段保险公司市场信任度的建立，但这绝不意味着我们可以由此忽视健康告知，甚至隐瞒病情、故意带病投保。

（二）合同成立两年后，保险公司不得以投保人未如实告知为由而解除合同，但若不符合理赔条件的，保险公司有权拒赔

初读《保险法》第十六条的人，确实容易得出"投保时间超过两年，保险公司就必须赔"的结论。但请注意，以上法条强调的是"自合同成立之日起超过二年的，保险人不得解除合同"，而并没有说"保险人不得拒绝承担赔偿或给付责任"。

要知道，"不得解除合同"与"不得拒赔"是两码事。以长期重疾险为例，某客户在投保前已确诊某项重疾，投保时没有如实告知，保险公司承保了。合同成立两年后，该客户向保险公司申请理赔，这时保险公司虽不能以投保人当年未如实告知为由解除合同，但因其申请理赔的重疾发生在投保前，属于既往疾病，这种情况下保险公司有权对该项重疾做拒赔处理。

综上，《保险法》第十六条规定的"两年不可抗辩条款"虽

然限制了保险公司解除合同的权利，有利于保护消费者的权益，但这绝不意味着消费者可以忽视投保时的健康告知。只有如实告知，才可以匹配到最适合的保险方案，避免不必要的理赔纠纷。

▶ **本节复盘**

1.在你熟悉的线上投保平台（如保险公司官方微信公众号或第三方投保平台等）分别找一款意外险、医疗险、寿险和年金险，对比一下，看看它们的健康告知内容是否相同，若不同，主要体现在哪些方面？

2.请你说说自己对《保险法》第十六条规定的"自合同成立之日起超过二年的，保险人不得解除合同"的理解。

第四节　投保常见疑问

在我接到的投保咨询中，被问到的频率较高的几个问题包括：（1）理赔难是真的吗？（2）保险公司会破产吗？（3）在网上买保险好，还是通过销售人员买好？（4）退保时，可以要求保险公司全额退还保费吗？（5）有机构说可以代为办理全额退保，是怎么回事？

本节，我就来为大家一一解答以上疑问。

一、理赔难是真的吗

平时不乏听到类似"交费的时候，保险公司催得紧；理赔的时候，保险公司却推三阻四"之类的说法。其实，关于理赔的问题，我一直认为大家不必过于担心，只要符合合同约定，保险公司的赔付一般都很爽快。比如，现在有不少公司推出了"秒赔"服务——从申请理赔到给付保险金，全程线上完成，做到即时赔付。

其实，各家保险公司每年都会收到大量的理赔申请，其中绝大多数的案件都获得了赔付，只有少数案件因不符合理赔条件而未予赔付。2022 年年初，各家保险公司陆续发布了上一年的理赔年报，《中国银行保险报》记者梳理了近 80 家人身险公司 2021 年理赔年报后发现，大多数公司的获赔率超过了 98%，理赔平均时效多为 2 天内，一些小额案件可以做到"秒赔"。[①] 凡是引发理赔纠纷的，多是由于不符合合同约定、未如实告知或双方对于合同条款的理解不一致所致。

（一）保险公司依约履行赔付责任是其合同义务

保险是一种很特殊的产品。常规的商品或服务，购买它是为了使用。保险则不同，人们买保险反而希望"买了但不要用上"。买保险，尤其是保障型保险，主要是图一份安心，用不到是好事，用到时能够顺利获得理赔也是好事。

随着我国保险业的快速发展，保险获赔率大幅提升，大家对于保险理赔的担忧已经明显降低。但仍有一些消费者担心理赔问题，甚至认为保险公司会在理赔时"想方设法不赔"。

我们需要明确，投保人与保险公司签订保险合同，已经生效的合同具有法律效力，双方都应当按照合同履行各自的义务，谁也不能擅自违反合同约定。

对于保险公司来说，最核心的义务便是提供保险保障，在保险事故发生时，依法向被保险人或受益人履行赔偿或给付保险金的责任；被保险人发生合同约定的保险事故时，保险公司

---

① 朱艳霞. 透视人身险公司理赔年报，重疾险保额缺口较大 [N]. 中国银行保险报，2022-02-22[2022-03-30].

应当按照合同约定赔偿或给付保险金。这是它的合同义务，也是法律义务。

《保险法》

第二十三条　保险人收到被保险人或者受益人的赔偿或者给付保险金的请求后，应当及时作出核定；情形复杂的，应当在三十日内作出核定，但合同另有约定的除外。保险人应当将核定结果通知被保险人或者受益人；对属于保险责任的，在与被保险人或者受益人达成赔偿或者给付保险金的协议后十日内，履行赔偿或者给付保险金义务。保险合同对赔偿或者给付保险金的期限有约定的，保险人应当按照约定履行赔偿或者给付保险金义务。

保险人未及时履行前款规定义务的，除支付保险金外，应当赔偿被保险人或者受益人因此受到的损失。

任何单位和个人不得非法干预保险人履行赔偿或者给付保险金的义务，也不得限制被保险人或者受益人取得保险金的权利。

消费者不必担心保险公司会故意拒赔。实际上，没有哪个保险公司会故意拒赔，那样反而会增加他们的诉讼风险，破坏他们的市场声誉。而且，保险公司并不是通过"拒赔""少赔"来赚钱的，收取保费后进行投资运作才是保险公司重要的赢利途径。积聚资金，让钱生钱，比"拒赔"带来的综合效益要大得多。再者，一款保险产品在设计、厘定费率时就已经将理赔的概率通过精算考虑在内了，理赔本身就是保险的常规业务。

另外，理赔服务也是保险公司提高口碑和品牌形象的窗口，尤其在现在的市场环境下，保险公司之间竞争激烈，各家公司普遍重视理赔工作。不少公司将"为客户寻找理赔的理由"作为理赔审核的原则，以此来提升客户满意度和品牌形象，进而吸引更多的消费者投保其产品以增加市场占有率。

（二）保险公司拒赔的几种常见情形

超过 98% 以上的获赔率说明绝大部分客户的理赔申请都获得了赔付。那么，主要有哪些拒赔情形呢？总结一下，常见的拒赔情形主要有以下几种。

常见的拒赔情形

序号	常见的拒赔情形
1	理赔申请的内容不属于所投险种的保障范围
2	理赔申请的内容属于责任免除事项
3	投保时未如实告知
4	保险欺诈
5	其他拒赔情形

1.理赔申请的内容不属于所投险种的保障范围

随着我国保险业的发展，大家对保险的认识程度普遍提高，投保过程也越来越规范。但囿于保险的专业性，仍有不少人在不太了解的情况下买了保险，甚至简单地认为"买了保险，出了事就能找保险公司理赔"。

　　要知道，不同种类的保险，功能不同，保障的范围也不同。就好比同样都是家用电器，电视、冰箱、洗衣机的功能却并不相同。比如，意外险只保意外伤害造成的身故或残疾，疾病身故、自然终老是不保的，所以，被保险人因疾病身故后，家属拿着意外险保险合同到保险公司申请理赔，自然是会被拒赔的。同理，买了一份重疾险或者寿险，各项医疗费用是不能按照重疾险或者寿险合同来报销的。

　　对不同保险产品的保障范围认识不清，是引发理赔纠纷的常见原因之一。建议大家仔细了解各类保险的保障范围，将意外险、医疗险、重疾险、寿险这些基础保障型保险配置齐全。

　　2.理赔申请的内容属于责任免除事项

　　不同种类的保险，保障范围不同；同一种类的保险，也并非所有的该类风险都保。

　　以意外险为例，是不是任何意外都保呢？并不是。试想，如果被保险人因犯罪、吸毒、酒后驾驶、寻衅斗殴而导致自己身故或残疾，保险公司也进行赔付的话，无异于助长了这些违法犯罪活动。因此，虽然是意外险，但对某些意外伤害造成的后果，保险公司是不用承担赔付责任的，这些情形就属于保险公司的责任免除事项。

责任免除

第六条　因下列原因造成被保险人身故、伤残的，保险人不承担给付保险金责任：

（一）投保人的故意行为；

（二）被保险人任何故意的自伤行为或自杀，但被保险人自杀时为无民事行为能力人的除外；

（三）因被保险人挑衅或故意行为而导致的打斗、被袭击或被杀害；

（四）被保险人猝死、妊娠、流产、分娩、疾病、食物／药物过敏、中暑、高原反应；

（五）被保险人接受医疗检查、麻醉、美容、整容、整形手术及其他内、外科手术；

（六）被保险人受细菌或病毒感染（但因意外伤害致有伤口而发生感染者除外）；

（七）被保险人未遵医嘱，私自服用、涂用、注射药物；

（八）任何生物、化学、原子能武器，原子能或核能装置所造成的爆炸、灼伤、污染或辐射；

（九）被保险人因意外事故、自然灾害以外的原因失踪而被法院宣告死亡的；

（十）恐怖袭击。

某意外险合同中的责任免除条款

各家保险公司的意外险的责任免除事项大体上相似，消费者可以根据自己的需求进行选择。需要注意的是，意外险根据市场需求，还可以细分为综合意外险、交通意外险、旅游意外险、老年／少儿意外险等，它们的保障范围和责任免除事项也会有细微的差别。

寿险、重疾险、医疗险同样有责任免除事项。投保前，消费者可以仔细查看保险合同中的责任免除条款，合同上会用黑体字加粗或标示阴影以引起阅读重视。

3. 投保时未如实告知

如前所述，投保人申请投保时，保险公司基于风险的不确定性，会根据被保险人的身体、职业等情况，决定保还是不保、要不要增加保费等。同时，保险公司又无法全面、细致地掌握被保险人的健康信息。因此，保险公司需要投保人在投保时如实告知。如果投保人隐瞒了重要健康事项，比如疾病史、手术史，并且所隐瞒的事项又足以影响保险公司的核保结论，那么保险公司在保险合同成立后两年内知道该隐瞒事实的，有权在规定期限内解除合同，不承担赔偿或给付保险金的责任。

4. 保险欺诈

2019 年上映的电影《受益人》中，吴海（大鹏饰）试图通过与岳淼淼（柳岩饰）结婚，为岳淼淼投保高额意外险，再故意制造事故使岳淼淼身故，进而到保险公司申请理赔以获得巨额保险金。这种行为就是一种典型的保险欺诈，生活中也存在不少类似的行为。毫无疑问，对于这种情况保险公司肯定会拒赔。而且这种保险欺诈行为构成犯罪的，相关人员还需要承担刑事责任。

《保险法》

第一百七十四条 投保人、被保险人或者受益人有下列行为之一，进行保险诈骗活动，尚不构成犯罪的，依法给予行政处罚：

（一）投保人故意虚构保险标的，骗取保险金的；

（二）编造未曾发生的保险事故，或者编造虚假的事故原因或者夸大损失程度，骗取保险金的；

（三）故意造成保险事故，骗取保险金的。

保险事故的鉴定人、评估人、证明人故意提供虚假的证明文件，为投保人、被保险人或者受益人进行保险诈骗提供条件的，依照前款规定给予处罚。

《中华人民共和国刑法》（以下简称《刑法》）

第一百九十八条第一款　有下列情形之一，进行保险诈骗活动，数额较大的，处五年以下有期徒刑或者拘役，并处一万元以上十万元以下罚金；数额巨大或者有其他严重情节的，处五年以上十年以下有期徒刑，并处二万元以上二十万元以下罚金；数额特别巨大或者有其他特别严重情节的，处十年以上有期徒刑，并处二万元以上二十万元以下罚金或者没收财产：

（一）投保人故意虚构保险标的，骗取保险金的；

（二）投保人、被保险人或者受益人对发生的保险事故编造虚假的原因或者夸大损失的程度，骗取保险金的；

（三）投保人、被保险人或者受益人编造未曾发生的保险事故，骗取保险金的；

（四）投保人、被保险人故意造成财产损失的保险事故，骗取保险金的；

（五）投保人、受益人故意造成被保险人死亡、伤残或者疾病，骗取保险金的。

5. 其他拒赔情形

比如，分期交费的保险，没有及时交纳续期保费，发生保险事故后才想起之前有份保险，但是保险却因欠费而失效了，保险公司也就无须再承担赔付责任。

另外需要说明的是，重疾险和医疗险，等待期（也叫观察期，一般是保险合同生效之日起 30 天、90 天或 180 天）内确诊的重疾、产生的医疗费用，保险公司也无须承担责任。这一规定是为了防止某些人带病投保，如果太多人带病投保，对其他交同样保费正常投保的人来说，有失公平。

二、保险公司会破产吗

不止一位朋友问过我：保险公司会不会破产？如果破产了，买的保险怎么办？

消费者会有这样的顾虑很正常。终身型的保险产品，分期交费可能要持续一二十年，保险公司承诺提供的保障长达几十年甚至终身，如果保险公司先破产了，消费者的保单该如何处理？

（一）从理论上讲，保险公司可以破产

首先要明确：保险公司可以破产，没有哪条法律规定保险公司不可以破产。

《保险法》第九十条就对保险公司的破产做了规定：

保险公司有《中华人民共和国企业破产法》第二条规定情形的，经国务院保险监督管理机构同意，保险公司或者其债权人可以依法向人民法院申请重整、和解或者破产清算；国务院保险监督管理机构也可以依法向人民法院申请对该保险公司进行重整或者破产清算。

可见，保险公司是可以破产的。只不过，与普通公司的破产不同，保险公司的破产要经国务院保险监督管理机构同意。

不怕一万，就怕万一，如果保险公司经营不善真的破产了，消费者购买的保险会怎样呢？

《保险法》

第九十二条　经营有人寿保险业务的保险公司被依法撤销或者被依法宣告破产的，其持有的人寿保险合同及责任准备金，必须转让给其他经营有人寿保险业务的保险公司；不能同其他保险公司达成转让协议的，由国务院保险监督管理机构指定经营有人寿保险业务的保险公司接受转让。

转让或者由国务院保险监督管理机构指定接受转让前款规定的人寿保险合同及责任准备金的，应当维护被保险人、受益人的合法权益。

也就是说，即便保险公司真的破产了，消费者购买的人寿保险合同也会由另一家保险公司接手，合同依然有效。接手的保险公司应当继续按照保险合同履行义务，消费者的利益是不会受到影响的①。

如果我们在保险公司购买的是财产保险、短期健康险及短期意外险，该公司经营不善走到了破产程序，那么上述三类保单的持有人会得到保险保障基金的救助。具体标准为：（1）保单持有人的保单利益在人民币 5 万元以内的部分，保险保障基金予以全额救助；（2）保单持有人为个人的，对其保单利益超过人民币 5 万元的部分，保险保障基金的救助金额为超过部分金额的 90%；保单持有人为机构的，对其保单利益超过人民币 5 万元的部分，保险保障基金的救助金额为超过部分金额的 80%②。

简而言之，《保险法》及《保险保障基金管理办法》等法律法规对保险公司的破产及破产中保单持有人的利益保护均做了规定，目的在于维护被保险人、受益人的合法权益。

---

① 现行《保险保障基金管理办法》（2022 年公布）第二十一条第一款规定："经营有长期人身保险业务的保险公司被依法撤销或者依法实施破产的，其持有的人寿保险合同，必须依法转让给其他经营有相应保险业务的保险公司；不能同其他保险公司达成转让协议的，由国务院保险监督管理机构指定经营有相应保险业务的保险公司接收。"

② 参见《保险保障基金管理办法》第二十条。

（二）实务中，银保监会的严格监管可有效防范保险公司的破产风险

虽然保险公司在理论上是可以破产的，但基于中国银保监会的严格监管，可前置防范保险公司走到破产的境地。

1.偿付能力监管

保险公司的偿付能力，是指保险公司对保单持有人履行赔付义务的能力。

保险公司收取了客户的保费，意味着保险合同才刚刚开始，将来被保险人发生保险事故，保险公司需要依约赔付。这些将来要赔偿的钱，就是保险公司的主要债务，保险公司需要对这些债务具备偿付能力。

《保险法》

第一百零一条　保险公司应当具有与其业务规模和风险程度相适应的最低偿付能力。保险公司的认可资产减去认可负债的差额不得低于国务院保险监督管理机构规定的数额；低于规定数额的，应当按照国务院保险监督管理机构的要求采取相应措施达到规定的数额。

偿付能力监管，简单来说，就是由银保监会来评估保险公司的钱够不够理赔。如果发现保险公司的偿付能力充足率不达标，银保监会会针对性地采取限制董事、监事、高级管理人员的薪酬水平，限制向股东分红，责令增加资本金，责令调整业务结构，限制增设分支机构，限制商业性广告等措施，以期恢复保险公司的偿付能力。

如果已经实施了上述各项监管措施后，保险公司的偿付能力并没有明显改善或者反而进一步恶化的，银保监会会依法采取接管、申请破产等监管措施。

我们熟知的安邦保险集团股份有限公司便是因偿付能力问题，自 2018 年 2 月 23 日开始被原中国保监会接管。实施接管以来，中国银保监会依法有序推动风险处置工作，在有关方面的共同努力和支持下，圆满完成了各项工作任务。截至 2020 年 1 月，接管前安邦集团发行的 1.5 万亿元中短存续期理财保险已全部兑付，未发生一起逾期和违约事件，保险消费者和各有关方面的合法权益得到了切实保障。为切实化解安邦集团的风险，中国银保监会剥离安邦集团非涉案涉诉资产，批准设立大家保险集团，依法受让安邦人寿保险股份有限公司、安邦养老保险股份有限公司和安邦资产管理有限责任公司股权，新设大家财产保险有限责任公司，承接安邦财产保险股份有限公司的合规保险业务。安邦集团和安邦财险后续依法予以清算注销 ①。

---

① 中国银行保险监督管理委员会. 中国银行保险监督管理委员会依法结束对安邦集团的接管 [EB/OL]. (2020-02-22)[2022-03-30]. http://www.cbirc.gov.cn/cn/view/pages/ItemDetail.html?docId=891334&itemId=915&generaltype=0.

2. 资金运用监管

保险公司收取大量保费之后，不会放到账上坐收利息，而是要拿去投资赚钱。但是，若客户发生保险事故，保险公司需要随时按照合同去履行赔付义务。所以，保险公司的投资不能太激进，万一亏惨了，拿什么给客户提供保障呢。

鉴于此，《保险法》对保险公司的资金运用提出了"稳健、安全"的要求。

《保险法》

第一百零六条　保险公司的资金运用必须稳健，遵循安全性原则。

保险公司的资金运用限于下列形式：

（一）银行存款；

（二）买卖债券、股票、证券投资基金份额等有价证券；

（三）投资不动产；

（四）国务院规定的其他资金运用形式。

保险公司资金运用的具体管理办法，由国务院保险监督管理机构依照前两款的规定制定。

同时，中国银保监会也发布了《保险资金运用管理办法》，对保险资金的运用形式、决策运行机制、风险管控、监督管理等内容做了进一步详细、具体的规定。

《保险法》的规定及中国银保监会的监管，目的都在于实现

"规范保险资金运用行为，防范保险资金运用风险，保护保险当事人合法权益，维护保险市场秩序"的目标。

《保险资金运用管理办法》

第一条 为了规范保险资金运用行为，防范保险资金运用风险，保护保险当事人合法权益，维护保险市场秩序，根据《中华人民共和国保险法》等法律、行政法规，制定本办法。

3.再保险机制

消费者通过购买保险，将可能发生的风险转移给保险公司。但是，如果风险太大，大额的资金赔付也会影响保险公司财务和经营的稳定性。因此，保险公司也需要将它的风险转移出去。

保险公司将其承担的保险业务，以分保的形式部分转移给其他保险公司，就是再保险。为了控制保险公司的经营风险，《保险法》第一百零三条中规定："保险公司对每一危险单位，即对一次保险事故可能造成的最大损失范围所承担的责任，不得超过其实有资本金加公积金总和的百分之十；超过的部分应当办理再保险。"

再保险机制对于分散保险公司的理赔风险，维持其经营稳定起着重要作用。我们可以将再保险简单理解为"保险公司的保险"。

三、在网上买保险好，还是通过销售人员买好

近年来，互联网保险发展较快，人们的保险意识越来越强，不少保险公司设立自营网络平台供消费者自主线上投保，多数的保险中介机构也建立了专门的网络平台用以销售各类保险产品。现如今，互联网已然成为保险销售的重要渠道之一，消费者除了可以通过保险代理人、保险经纪人等销售人员线下投保，还可以选择线上投保。

那么，线上投保到底靠不靠谱？消费者是在网上买好，还是通过销售人员买好呢？其实这两个问题都指向了客户最关心的一个问题：线上投保会不会影响理赔？

需要说明的是，只要是正规的投保平台，线上投保的保单一样具有法律效力。线上投保和线下投保只是渠道不同，最终指向的都是保险合同的成立。既然保险合同有效，只要符合理赔条件，保险公司就需要履行赔付义务。因此，保险的理赔要以合同约定为准，不会因为线上或线下投保而有所区别。

所以，线上投保并不会对理赔产生什么影响。为了方便消费者申请理赔，各平台一般会在投保界面或相关单证中展示理赔的途径、流程及相关资料等内容。因为是线上销售，节约了销售成本，不少产品的性价比反而更高。

虽然线上投保的保险合同一样有效，理赔也不受影响，但我认为，并不是所有人都适合在网上买保险。

因为保险的内容相对比较专业，不同险种保障的内容不同，

合同中还有多项关于责任免除的约定，而这些都需要消费者在投保前充分了解，然后再根据自身实际情况来配置保险。保险合同上的"保险金""保险金额""现金价值""重度疾病""轻度疾病""豁免"等专业词汇，仅靠自己来学习，一是耗时耗力，二是所了解的内容不一定准确，毕竟学习是需要一个过程的，学习初期领悟到的内容可能不太准确。基于此，保险小白或对保险一知半解的人，最好还是通过专业的保险销售人员来购买保险产品，向对方介绍自己的需求及相关情况，一旦对销售人员设计或推荐的保险方案有疑问，可以随时沟通解决。经验丰富的销售人员还可以对理赔时的注意事项做出提醒并进行一些实务性的指导，这都是线上投保所不具备的优势。

总之，线上投保和线下投保各有优势，我们结合自己的实际情况和个人偏好选择即可。

四、退保时，可以要求保险公司全额退还保费吗

投保后，投保人有权单方解除保险合同，即退保。过了犹豫期退保的，这时保险公司需要退还的不是投保人所交的总保费，而是该保单在退保时的现金价值。

《保险法》

第四十七条　投保人解除合同的，保险人应当自收到解除合同通知之日起三十日内，按照合同约定退还保险单的现金价值。

现金价值的概念我们前面已经仔细讲解过，这里再简单回顾一下。

现金价值不等同于保费，它是我们所交的保费扣除保单对应的保障成本和保险公司相关经营成本后，剩余部分所累积的实际价值。储蓄型保险如终身寿险、两全险、长期重疾险、分红险等都有现金价值，保险合同中的现金价值表会载明各保单年度所对应的现金价值，这个现金价值就是退保时我们所能够拿回来的钱。

一般来说，保障型保险在投保后的前几年，现金价值是远低于所交保费的，所以此时退保，消费者会损失一些保费。当然，我们买保险并不是为了退保，而是通过分期小额交费，以获得相对较好的风险保障，所以低现金价值并不是此类保险的缺点。

在我参与调解的退保纠纷中，部分案件就是因为客户不满退保金低于所交保费而引发的。客户往往以自己并没有出险理赔过为由，要求保险公司全额退还其保费。遇到持有这种观点的客户时，我总是以车险类比。我们每年花几千元购买车险，若当年没有发生事故，没有向保险公司申请过理赔，保险期间结束时我们并不会要求保险公司返还所交保费，这是因为我们知道一旦发生事故，保险公司就需要按照合同约定进行理赔，我们掏钱购买的正是这种"让保险公司来弥补不确定风险所带来的财产损失"。车险如此，寿险、重疾险的道理也是一样的。虽然没有发生身故、重疾之类的保险事故，但在保险合同生效后，保险公司要随时准备着当保险事故发生时把合同约定的保险金赔付出去，这就是我们所购买的保障，而保险公司提供了这种保障，自然要收取相应的对价。因此，客户中途退保时，保险公司不能全额退还保费，需要扣除对应的成本，向投保人支付保单的现金价值。

建议大家在投保前充分了解自己的需求和打算购买的保险产品，一旦投保，请谨慎退保。

五、有机构说可以代为办理全额退保，是怎么回事

近年来，一些组织或个人通过短视频平台、微信群、微信朋友圈等方式发布帮助保险消费者"全额退保"等广告，怂恿或诱骗消费者委托其办理退保、借款免息等事项，与消费者签订所谓的咨询服务协议，收取高额"代理维权"服务费，这类组织或人员名义上是帮客户"维权"，实则是为了牟取高额利益[①]。

保险合同依法生效后，投保人单方退保，鉴于保险公司在合同期内已经提供了保障，退保时自然要扣除相关成本。该类代理退保机构向消费者承诺的"全额退保"，实际上根本无法实现，只不过是打着"全额退保"的噱头，来吸引消费者与其签订服务

---

① 中国银行保险监督管理委员会. 关于防范"代理退保"等风险的提示 [EB/OL].（2021−11−26）[2022−03−30].http://www.cbirc.gov.cn/cn/view/pages/ItemDetail.html?docId=1018378&itemId=915.

协议并支付服务费。

我参与调解的退保纠纷中便有此类委托第三方代理退保的案例。据相关客户反馈，委托代理退保机构时，须将身份证信息、联系方式、家庭住址，甚至银行账户等信息告知他们，以致个人信息严重泄露。而且，一旦客户打算终止协议或不支付高额的服务费，会遭到其工作人员的骚扰。

诚然，这类代理退保机构的出现有其现实背景，但任何一个行业都有其发展规律，保险行业也一样。所幸的是，从监管部门到各家保险公司，多方都在为行业的健康、规范发展而努力。

我们要客观看待保险在风险保障、稳健理财和财富传承等方面的功能，借助保险打好家庭保障和财富的基石。理性对待网络自媒体上关于保险行业或具体产品的过激言论。毕竟，逞口舌之快的是他们，而受其影响遭受实际损失的却是自己。更要防范所谓的代理退保机构，不要轻信什么"全额退保"的承诺，否则，自己很可能面临失去保险权益、承担退保损失、支付高额服务费以及个人信息泄露等的严重后果。

对待保险，我们应当科学投保，坚持长期主义；对待保险纠纷，我们应当诉诸正规渠道，理性维权，避免盲目委托非法的第三方，最终得不偿失。

▶ 本节复盘

1.查阅一下你的保单所属保险公司的上一年度理赔年报（官方微信公众号可见），看看理赔年报中都盘点了哪些问题。

2.你的保险是自己在网上投保的，还是通过具体的销售人员投保的？你认为哪类保险可以自行网上投保，哪类保险适合通过销售人员投保？

第三章
大额保单与婚姻财富规划

随着大家对保险的认知程度逐渐加深，越来越多的消费者开始关注保险作为风险管理和资产配置工具所具备的法律功能，如在婚姻中的个人财产保全功能、为子女提供资金支持的赠与功能、在传承规划中的定向传承功能，以及一定的债务隔离功能等。

从这一章开始，我会分别阐述保险在婚姻财富规划、家庭财富传承、家庭资产安全配置等方面的功能，并给出相关保险方案的配置思路和注意事项。本章，我们就先来聊一聊保险的婚姻财富规划功能。

第一节　结婚似合伙，收益共享、风险共担

案例 3.1.1

　　刘女士和王先生是大学同学，二人毕业后登记结婚，一年后女儿出生。与此同时，王先生与朋友合伙创办的公司逐渐发展起来，刘女士为照顾家庭，辞职当起了全职太太。因为近年来家庭收入和各项置业资金主要来源于丈夫，刘女士倍感欣慰的同时，也有一丝担忧，毕竟自己辞职之后一直没有收入，万一婚姻出现问题，自己会不会因为这些年没有收入而分不到财产，或者只能分到很少的财产？

　　刘女士的这种担忧，可能很多与之情况类似的女性都有。实际上，如果她和丈夫没有在婚前或者婚后签订类似 AA 制的财产协议，那么他们二人婚后任何一方取得的工资、奖金、劳务报酬，生产、经营或投资的收益等财产，都是他们夫妻二人的共同财产。既然是夫妻共同财产，那么离婚时，原则上应当由夫妻双方平分。如果就财产分配问题协商不成诉诸法院的，法院裁判时还会体现照顾子女、女方和无过错方权益的原则。

　　所以，刘女士所担心的因为自己多年没有收入而分不到或者

只能分到很少财产的情况，是不会发生的。

现实中的确有客户向我咨询过这个问题，我清楚地记得那位女士陈述自己多年未赚钱，主要依靠丈夫的收入来维持家庭开支时表情和语气中透露出来的自卑。她之所以如此没有底气，是因为她并没有意识到自己照顾家人、操持家务也是一种劳动，正是这种劳动才使得夫妻中的另一方得以抽身去赚钱。而且，我们很难评价哪种劳动的价值更高，二者只是分工不同而已。

我国《民法典》对婚姻中夫妻双方不同分工的劳动都是肯定的，明确规定了哪些财产属于夫妻共同财产，哪些财产又属于夫妻一方的个人财产。

一、哪些财产属于夫妻共同财产

《民法典》

第一千零六十二条　夫妻在婚姻关系存续期间所得的下列财产，为夫妻的共同财产，归夫妻共同所有：

（一）工资、奖金、劳务报酬；

（二）生产、经营、投资的收益；

（三）知识产权的收益；

（四）继承或者受赠的财产，但是本法第一千零六十三条第三项规定的除外；

（五）其他应当归共同所有的财产。

夫妻对共同财产，有平等的处理权。

（一）婚后任何一方付出时间或劳动所赚取的财产，归夫妻共同所有

男女双方结婚，从经济学的角度看，类似于合伙。合伙的特点是收益共享、风险共担，婚姻作为一个"经济共同体"，也具有这种收益共享、风险共担的特点。

婚姻关系存续期间，夫妻双方付出时间和劳动换取收益，这个收益即是对共同体的贡献，属于双方共有。典型的夫妻共同财产有：（1）婚姻关系存续期间任何一方所取得的工资、奖金、劳务报酬；（2）生产、经营以及各项投资所得的收益，比如开公司、办工厂所产生的收益；（3）知识产权的收益，比如出版书籍获得的稿费、因发明创造获得的专利使用费等，这些收益也是其中一方在婚姻关系存续期间付出时间和智力劳动所换来的回报，同样属于夫妻双方的共同财产。

关于"投资所得的收益"，需要说明的是，即便是一方用自己的婚前个人财产在婚后投资所产生的收益，也归夫妻二人共有。例如，王先生多年间一直在投资股市，婚前王先生在股市上已有的资产，是他的个人财产；婚后王先生持续关注股市，不断买进卖出，那么婚后在股市上赚取的收益，则属于他和刘女士的夫妻共同财产，原因是这些投资收益产生于婚姻关系存续期间，已然花费了夫妻二人分工下其中一方的时间和精力。

（二）婚后通过继承或受赠获得的财产也是夫妻共同财产，前提是被继承人或赠与人没有通过遗嘱或赠与合同明确仅给夫或妻其中一方

我们还是借案例 3.1.1 来分析。如果王先生的父亲在王先生结婚后因病身故，而且生前没有立遗嘱，那么王先生从父亲那里继承得到的财产（如存款、房产等）就属于他与刘女士的夫妻共同财产。

如果王先生的父亲生前立下了遗嘱，并强调在他百年后，"某某财产由儿子王某某一个人单独继承，属于王某某的个人财产，他人包括王某某的配偶均无权分割"。若有这样一份合法有效的遗嘱，王先生依据这份遗嘱继承得到的财产，就归其个人所有，不属于他和刘女士的夫妻共同财产。

赠与也是一样。刘女士的母亲送给刘女士 50 万元，这在法律上叫作"赠与"。如果母亲赠与时，通过书面协议或者明确的短信、微信等方式表达了这 50 万元仅仅赠给刘女士个人，与其配偶无关的意思。那么，这 50 万元就是刘女士的个人财产，而非夫妻共同财产。反之，如果母亲在赠与时没有明确表明仅赠给刘女士，那就应当视为是对刘女士及其配偶的赠与，归夫妻二人共同所有。

（三）其他应当归夫妻共同所有的财产

比如，王先生和刘女士在婚姻关系存续期间已经实际取得或应当取得的住房补贴、住房公积金、养老保险金、破产安置补偿费等，也都属于夫妻共同财产。

　　总之，以上提到的这些财产，只要是婚姻关系存续期间取得的，不论由夫或妻哪一方取得，不论谁挣得多、谁挣得少，也不论这些财产存放或登记在谁的名下，只要双方没有签订财产各归各有的书面协议，这些财产就都属于夫妻共同财产。对于夫妻共同财产，双方都享有所有权，对如何处理这些财产也都有平等的处理权。

　　如果夫妻间的感情破裂，要结束婚姻关系，这些共同财产该如何分割呢？首先，财产分割事宜应由夫妻二人协商处理。如果双方无法达成一致意见，诉至法院的话，原则上应当一人一半。当然，具体到个案中，法官会依据照顾子女、女方和无过错方权益的原则，同时也会考虑一方是否存在隐藏、转移、变卖、毁损、挥霍夫妻共同财产，伪造夫妻共同债务等情形，对离婚案件中的财产分割问题进行具体裁判。

二、哪些财产属于夫妻一方的个人财产

　　虽然我国法律规定夫妻双方的婚后所得归夫妻共同所有，但并不是只要登记结婚了，双方的任何财产就都归夫妻共同所有。即便是在婚姻关系存续期间，仍有特定财产是属于夫妻一方的个人财产。

《民法典》
第一千零六十三条　下列财产为夫妻一方的个人财产：

（一）一方的婚前财产；

（二）一方因受到人身损害获得的赔偿和补偿；

（三）遗嘱或者赠与合同中确定只归一方的财产；

（四）一方专用的生活用品；

（五）其他应当归一方的财产。

（一）一方的婚前财产

比如，夫妻一方在结婚之前全款购买了一套房产并登记在自己名下，或者结婚前已经积累了 200 多万元的存款（婚后未与其他资金混同），因为这些财产是婚前取得的，即便后来结婚，这些婚前已经取得的财产在性质上仍属于一方的个人财产。

（二）一方因受到人身损害获得的赔偿和补偿

假设王先生在一次意外事故中受伤，获得了一些赔偿金、补助金等，这些资金与王先生本人的身体治疗和康复密切相关，具有人身专属性。因此，即便是在婚后取得，也属于王先生的个人财产。

（三）遗嘱或者赠与合同中确定只归一方的财产

前文说过，夫妻一方在婚后通过继承或受赠获得的财产也是夫妻共同财产，但如果被继承人提前立了遗嘱，明确说明其财产由继承人某某单独继承，或者赠与人通过书面形式明确仅赠给一方的，这种情况下，夫或妻一方继承或受赠取得的财产，是其个人财产，不归夫妻双方共同所有。

（四）一方专用的生活用品

比如，衣服、鞋子、化妆品、皮带、香水、西装等，这些都属于专供个人使用的生活用品，属于个人财产。

当然，具体到每个家庭中，因为财富状况不同，对于生活用品的界定也是不同的。同样一块价值 20 万元的手表，在富裕家庭中可能属于生活用品，但对普通家庭来说，恐怕就不能算是生活用品，而是一项价值不菲的资产，离婚时也应当作为夫妻共同财产予以分割。

（五）其他应当归一方的财产

比如，刘女士婚前在某张银行卡上存了 50 万元，婚后一直没有使用该银行卡，那么在婚姻关系存续期间，这 50 万元所产生的利息，就是刘女士的个人财产。再比如，刘女士婚前全款购买的房产，婚后升值了 80 万元，升值的这部分也属于刘女士的个人财产，而非她与王先生的夫妻共同财产。

《最高人民法院关于适用〈中华人民共和国民法典〉婚姻家庭编的解释（一）》（以下简称《〈民法典〉婚姻家庭编司法解释（一）》）

第二十六条　夫妻一方个人财产在婚后产生的收益，除孳息和自然增值外，应认定为夫妻共同财产。

三、婚前财产在婚后的混同风险

我们知道，即便是在婚姻关系存续期间，一方在婚前已经取得的财产仍属于其个人财产。但是注意，这是法律上的定性，实际生活中往往存在婚前财产和婚后财产混同而无法区分的情形。

案例 3.1.2

乔先生结婚之前已经打拼多年，银行存款有 200 万元。婚后，乔先生的这些婚前存款与自己的婚后收入，以及妻子赵女士的银行存款在各账户之间频繁转存。多年过去，连乔先生自己也分不清哪笔资金是自己婚前储蓄的。

2021 年 8 月，两人决定离婚，离婚时共有存款 300 万元，但双方就存款的分割问题不能达成一致。乔先生称，自己在婚前就有 200 万元存款，这是自己的个人财产，赵女士无权分割；赵女士则认为这 300 万元是二人的夫妻共同财产。最终两人诉至法院。

那么，法院会支持乔先生的主张吗？

在案例 3.1.2 中，乔先生与妻子的资金频繁往来、不断转出又不断有新的资金进账，他婚前的 200 万元资金可能早已分散在数次的转账之中，甚至已经使用了。这便是婚前财产在婚后发生混同的典型表现。

一般来说，离婚时就财产分割问题诉至法院的，法院会首先推定双方名下的各项财产属于夫妻共同财产。若一方提出某笔存款或某套房产属于其个人财产，另一方无权分割，那么就需要提出异议的这一方提交相关证据来证明自己所言不虚，也就是大家所熟知的"谁主张，谁举证"原则。

乔先生想要证明自己婚前所有的 200 万元存款在离婚时仍是其个人财产，是很困难的。因为这笔存款已经与婚后财产发生了混同。如果无法证明，已经混同了的资金会被当作夫妻共同财产进行分割。

其实，在多种资产类型当中，最易混同的便是现金资产。如果是婚前全款购置的房产，它的付款记录和产权登记可以证明房产是一方的婚前个人财产，另一方也就无权分割了。当然，如果因置换或投资等需要，婚前房产在婚后卖了，房产便转化为银行存款的形式，如果该笔资金又被频繁地转来转去，同样会产生与其他财产混同的风险。

近年来，我国的离婚率持续走高，建议已经拥有较多财产的大龄未婚、离异、富二代、创二代等群体，关注婚前财产在婚后的混同风险，做好规划，避免可能发生的财产损失。

四、如何避免婚姻中的财产混同

两个人结婚之后，资金会往来、财产会转变形态，婚前财产也常常会在婚后用于投资。于是，就很容易产生婚前财产在婚后消耗、混同或取得投资收益，进而与夫妻共同财产混同以致无法区分的现象。

那么，如何避免婚前财产在婚后变为夫妻共同财产呢？以下几种处理方法可供参考。

（一）专款专用，做好银行账户的隔离

案例 3.1.3

结婚前，陈女士在 A 银行卡中存放了 100 万元。在与丈夫登记结婚之后，收取工资、日常消费、投资理财以及平时与丈夫的各种转账往来等，都是使用这张银行卡，包括陈女士几年来的 50 万元工资、10 万元炒股收益以及丈夫的 20 万元奖金。平时，陈女士也持续使用这张银行卡进行消费和转账。

案例 3.1.3 描述的这种情况，就是典型的婚前财产在婚后混同的现象。如果陈女士与丈夫离婚，那么这张银行卡里的钱恐怕无法分得清楚哪些属于陈女士，哪些又属于丈夫。既然没有证据能够明确证明存款的归属，这张银行卡里的钱在离婚时就只能对半分。

什么情况下，存款不会被当作夫妻共同财产进行分割呢？如果这张银行卡在婚后没有继续转进转出使用，或者仅有少数几次资金转出行为，相关的银行流水记录清晰、简单，可以证明离婚时该银行卡中所剩的资金仍是陈女士的婚前财产，也就是其个人财产，丈夫就无权分割了。也就是说，如果陈女士在婚后使用的是其他账户，而这笔婚前存款一直保留在 A 银行卡中，没有与婚后的其他资金发生混同，那么就避免了因混同而被离婚分割的风险，这种方法可简单称为"专款专用、隔离账户"。

（二）婚后变卖房产，做好账户的隔离

案例 3.1.4

吴先生在婚前全款购买了一套房产，他结婚之后，吴先生的父母又全款购买了一套房产，并登记在吴先生一人名下，且通过书面协议明确表示仅赠与吴先生个人。

婚后，吴先生为获得资金投资，将这两套房卖掉，获得了1000万元。那么，变卖房产的这笔钱，该如何与婚后财产做好区分呢？

方法是开设一个新的账户，并在房屋买卖合同上注明该账户是收取买方购房款的指定账户，同时还要保留好房屋买卖合同。房款到账之后，吴先生需要做好账户的隔离，避免该账户与其他账户的资金发生混同。这样的话，即便这1000万元是在婚后取得，但由于它是婚前房产转化而来的，且并未与其他账户资金混同，所以这笔钱仍属于吴先生的个人财产。

（三）签订婚姻财产协议

案例 3.1.5

丁先生和孙女士在结婚之前均事业小成，已购置了房产、汽车，也有一定数量的存款。两人都听过不少身边的朋友的离婚故事，其中不乏因财产分割问题而对簿公堂的案例。经过慎重考虑，两人签订了婚姻财产协议，以书面形式明确了双方婚前婚后

各项财产及收入的归属问题。

对于结婚前就已经拥有一定数量的财产，并且不想让这些财产与婚后财产混同的人，或是担心婚姻无法度过磨合期就面临离婚风险的人，抑或是想在婚姻初期保持彼此财产独立的人，都可以在结婚之前与对方理性协商，签订婚姻财产协议，对双方的财产归属问题进行明确约定，例如约定"谁挣的钱谁保管，谁买的房子是谁的"等。既然约定好了，那就不用担心财产混同的问题，也不用担心离婚时出现因分多分少而争得"头破血流"的局面。

《民法典》

第一千零六十五条 男女双方可以约定婚姻关系存续期间所得的财产以及婚前财产归各自所有、共同所有或者部分各自所有、部分共同所有。约定应当采用书面形式。没有约定或者约定不明确的，适用本法第一千零六十二条、第一千零六十三条的规定。

夫妻对婚姻关系存续期间所得的财产以及婚前财产的约定，对双方具有法律约束力。

夫妻对婚姻关系存续期间所得的财产约定归各自所有，夫或者妻一方对外所负的债务，相对人知道该约定的，以夫或者妻一方的个人财产清偿。

对于创业者来说，从公司稳定经营的角度考虑，应当提前签订婚姻财产协议，对公司股权及其升值和分红的归属问题进行明确约定。有了这些书面约定，万一发生离婚纠纷时，按照提前约定的方式对公司股权等财产利益进行分割处理，可以在一定程度上保障公司的稳定运行。毕竟公司不是一个人的，还关系到其他股东以及整个公司的利益。

需要提醒的是，签订婚姻财产协议时，要考虑两个人是否都能理性接受；如果因为财产协议的问题反而为夫妻双方埋下了感情隐患，那就得不偿失了。毕竟，夫妻间签订财产协议，实际上这种做法与大多数人的传统观念有所冲突。我们传统的家庭观念一般认为夫妻本是一体，区分彼此就是有"外心"，所以大多数人并不会签订婚姻财产协议。在我们处理的众多离婚纠纷案件中，签了婚姻财产协议的夫妻屈指可数。

▶ **本节复盘**

1. 请说说哪些财产属于夫妻共同财产，哪些财产属于一方个人财产。

2.《民法典》规定夫妻双方可以签订书面协议约定财产归属问题，你自己或你的朋友签了吗？为什么？

3. 你知道有哪些方法可以避免婚前财产在婚后混同？这些方法的优缺点又是什么？

第二节　保单配置与婚前财产保护

案例 3.2.1

周先生是我接待的一位咨询婚前财产保护问题的客户。他大龄未婚，事业上一直很努力，婚前财产包括现金类资产、公司股权和房产等。因为近年来见证了两位好友从结婚到离婚，也看到了他们在离婚中关于财产的纠纷和争夺。于是，周先生开始考虑婚前财产保护的问题。我向他解释了夫妻共同财产、个人财产、婚姻中的财产混同等问题，解答了他的疑问并给出了相关建议。

对于婚前财产保护，周先生可以做的是：（1）清点婚前财产，做到心中有数；（2）尽量做到账户隔离、专款专户；（3）婚前不动产在婚后变现时要注意证据上的连续性等问题，以避免婚前财产与婚后夫妻共同财产发生混同；（4）在双方都能接受的前提下通过签订书面协议的方式，约定好婚前婚后各类财产的归属问题。

然而，上述这些保护方法，其实都有不足之处。以资金的账户隔离为例，虽说操作方法简单，只要将婚前资金专户存储且避免转账混同即可，但问题是，实际生活中很难有人能够做到长期的"资金隔离"。毕竟，绝大多数情况下，结婚始于对对方的接纳和喜爱，结婚的目的也是想让两个人更好地生活。所以，在对婚姻的这种美好期待之下，很难做到长期小心翼翼地守护自己的婚前财产。相反，多数人的婚前财产因婚后生产或生活的需要而与夫妻共同财产混同是种常态，离婚时已经混同的财产参与到夫妻共同财产的分割中也是种常态。

婚姻财产协议的缺点也显而易见，它的主要作用是分清楚各类财产在夫妻双方间的归属问题，这与我们多数人的婚姻观念不符。如果不是建立在双方都能接受的基础之上，反而容易埋下隐患，甚至诱发信任危机。

在咨询过程中，聊到婚前财产保护方法时，周先生问我："听说买保险有用，可以隔离婚前财产，是真的吗？"

针对周先生的这一问题，我做了一番解释，其中包括保险的合同特点、在婚姻中的作用、以保护婚前财产为初衷的投保注意事项等。

一、用保险保护婚前财产的原理

直接说"买保险可以保护婚前财产"或者"买保险离婚时不分割"，是不准确的。需求的解决必须以问题为前提，进而具体问题具体分析。以案例 3.2.1 中的周先生为例，他在婚前已经拥有了存款、房产、公司股权等财产，因为担心结婚后万一感情没有顺利度过磨合期，自己婚前积累的财产会因离婚而被分割，于是他关注到了通过保险来保护婚前财产的问题。针对周先生的这一需求，他需要了解清楚用保险保护婚前财产的原理是什么、哪一类保险适合用于保护婚前财产以及投保时有何注意事项等问题。

（一）保险合同可使"易混财产固定化"

我们知道，对于周先生这种在婚前就已经拥有大量财产的高净值人士来说，考虑婚前财产的保护，主要目的是防范婚前财产与婚后夫妻共同财产发生混同。前文分析过，现金类资产如银行存款等，因其具有不记名、易流动的特点，所以很容易导致资金在频繁地转进转出间发生混同，进而被推定为夫妻共同财产，参与离婚分割。那么，防范婚前财产与婚后财产发生混同的办法就只有两种，即要么将它尽量隔离起来，要么双方签订协议提前说清楚。

基于此，把易混同的大额现金类资产转换为标记了投保人身份信息以及投保时间的大额保单，相当于把现金类资产标记和固定了起来，我们将这种做法称为"易混财产固定化"。

保单中的投保人身份信息，可以说明保单的现金价值等财产性权益属于这位投保人；投保及交费时间信息，可以说明这份保单的成立时间。如果投保时间是婚前且在婚前完成了交费，那么这份保单的现金价值权益就属于投保人的婚前财产。

以周先生为例，假设他将婚前财产中的 300 万元转换为大额保单（多为寿险或年金险），可以一次性交清保费，也可以在婚前分次完成交费。周先生自己做投保人和被保险人，那么保单的现金价值权益也属于周先生本人。

现金类资产与保单的存在形式虽然不同，但是所有权均归周先生所有。两者的区别就在于，前者是易流动、易混同的资产，后者是标记了周先生的姓名和成立时间的保单，实现了易混财产固定化。

（二）不能轻易退保的特点使得保单不易与其他财产混同

婚前的现金类资产之所以容易与婚后财产混同，主要在于其较强的流动性，存储方便、转账便利，家用、公司用、亲朋周转以及各项投资理财需要时，难免会动用婚前财产，加之多数人的证据意识较低，在资金转来转去的过程中很难形成证据链条来证明某笔财产来源于或转化于自己的婚前财产，这样就导致了婚前财产与婚后财产的混同。

我们配置人身保险尤其是大额寿险、年金险等，主要是出于对生活的长期规划，而且这类保险产品的保险期间一般长达几十年甚至终身。如果中途退保，一是会中断原本的保险规划，失去相应的风险保障和资金利益；二是当保单现金价值低于保费时，与所交保费相比，退保后投保人会有很大的损失。基于这两点，投保人一般不会轻易退保，保单里的财产性权益也就更容易继续以保单的形式存在，从而避免了与其他现金类资产的混同。

（三）通过对投保人、被保险人的设置可规划保单利益的归属问题

例如，父亲做投保人，为儿子投保年金险。这样的保单架构中，父亲是投保人，享有保单的现金价值权益，也可以理解为保单本身的所有权属于父亲；若无例外约定，年金（生存保险金）

由儿子即被保险人享有，儿子可以依据合同约定领取。这样的保单架构，就实现了保单所有权和受益权的分离。

对于规划婚前财产保护的高净值人士而言，除了可以通过配置大额保单来实现"易混财产固定化"，还有一种可行的思路，便是上述这种通过保险合同中投保人和被保险人的安排，来实现保单所有权和受益权的分离。具体到周先生的案例中，周先生投保时可以设置或变更投保人为他的父亲或母亲，自己做被保险人。从保单架构来看，保单的现金价值权益属于投保人，即周先生的父亲或母亲，而非周先生本人，既然不属于周先生，该保单自然不会与周先生婚后的夫妻共同财产发生混同，进而实现了对这笔婚前财产的隔离保护。当然，这种投保方式也有其注意事项，我将在下文详述。

二、婚前财产保护投保方案解读

出于保护婚前财产以防范与婚后财产发生混同的考虑，周先生可以选择以下两种投保方案。

方案一：以个人财产投保，实现易混财产固定化

（一）保单架构

投保人	被保险人	身故受益人
周先生	周先生	父 / 母

方案一中的保单架构

周先生自己做投保人和被保险人，身故受益人可以暂时指定为父亲或母亲。

周先生可以选择购买大额年金险（可搭配万能账户）或增额寿险。投保时间为周先生登记结婚之前。关于保费的交纳，最好是在婚前完成保费支付，若分期交费，可以建立专门的银行账户，存储后续交费的资金。注意，这个账户只能用于交纳保费，而且要避免与其他账户发生资金往来。

若周先生在登记结婚后才考虑用保单来保护婚前财产，这种情况下，需要确保保费的来源是周先生的个人财产，比如来自专户存储的婚前资金。

（二）方案解读

1. 保单现金价值

如果周先生是在婚前投保并完成了交费，或者有证据证明婚后续交的保费也来源于婚前存款等个人财产，那么，这份大额保单的现金价值（及万能账户价值）便属于投保人周先生的个人财产，不属于夫妻共同财产。

2. 生存保险金

如果周先生投保的是年金险，生存保险金可以随用随取，补充婚后生活所需。如果同时投保了万能账户，可以选择将生存保险金的领取方式更改为"转入万能账户"，从而实现资金的二次增值。

3. 身故保险金

周先生作为该投保方案的投保人和被保险人，可以指定自己的父亲或母亲作为身故受益人。万一周先生发生身故风险，身故保险金由其父亲或母亲领取，相当于周先生通过保险金继续履行赡养义务。当然，等到婚姻稳固后，为促进夫妻感情，周先生可以增加或变更配偶为受益人；子女出生后，也可以增加或变更子女为受益人。总之，受益人的人选及分配比例可以根据被保险人的意愿灵活变更，实现周先生的财富规划及传承意愿。

（三）注意事项

1. 关于续期交费

方案一要实现的目标是，在登记结婚之前，将容易混同的现金类资产转换为不易混同的大额保单，从而实现易混财产固定化，防止婚前财产在婚后与夫妻共同财产发生混同。在婚前投保并完成全部保费的支付，这是最简单也最理想的状态。但现实中，不少客户出于各种原因最终主动或被动地分期支付保费的情形也很常见。如果续期保费的支付是在投保人结婚之后，保费又来源于婚后的夫妻共同财产，那就意味着整个保单的现金价值是由"婚前个人财产交费＋婚后夫妻共同财产交费"两部分贡献而来，此时就很难说这份保单是投保人的个人财产了。因此，投保人在婚姻关系存续期间续交保费的，需要重点关注保费的来源。

具体到周先生，如果他打算分期支付保费，且直到结婚也没有交完，后续的保费可以单独设立银行账户，留足资金，专门用于保单的交费。这个账户在整个交费期间不做他用，尤其要注意避免将婚后资金转入该账户。这样，便有清晰的交费记录和资金流水来证明该保单的保费全部来源于周先生的婚前财产，保单的现金价值自然也是周先生的个人财产了。

2.关于万能账户的追加交费

如果周先生投保的是"年金险+万能账户"的组合呢？由于万能账户是可以随时追加保费的，所以不少客户考虑到其相对稳定的结算利率，会选择将不急用的资金转到万能账户里。但是，如果像周先生这样，投保这一保险组合的目的是保护婚前财产，那么转到万能账户的钱同样不能来源于夫妻共同财产，否则就意味着万能账户价值发生了婚前财产和婚后夫妻共同财产的混同，这与投保的初衷相悖。

如果周先生希望通过万能账户实现资金的保值、增值，其实可以另行投保，不必在婚前的保单中进行追加。

方案二：父/母代持保单，可剥离部分资产

（一）保单架构

方案二中的保单架构

周先生的父亲或母亲做投保人，周先生本人做被保险人，身故受益人可以暂时指定为周先生的父亲或母亲。

投保时间同样为周先生登记结婚之前，可以由周先生的父亲或母亲作为投保人直接订立保险合同，也可以先由周先生作为投

保人投保，而后变更投保人为父亲或母亲，具体需要结合不同保险公司不同产品的投保规则而定，建议提前了解清楚相关产品的投保规则后再行投保。

保费来源与方案——致，此不赘述。

（二）方案解读

1. 保单现金价值

保单在投保人即周先生的父亲或母亲名下，与周先生的资产隔离开来，不会因为周先生离婚而被分割。

2. 生存保险金

如果投保的是年金险，若无例外约定，周先生作为被保险人可依据保险合同领取生存保险金，补充婚后生活所需。如果同时投保了万能账户，可以选择将生存保险金的领取方式更改为"转入万能账户"。这种方式下，年金险的保单价值和万能账户的账户价值均在整个方案的投保人，即周先生的父亲或母亲名下，与周先生的资产隔离开来，不会发生混同。

3. 身故保险金

与方案一相同，周先生作为被保险人，指定父亲或母亲作为身故受益人，一旦周先生身故，身故保险金由父亲或母亲领取，可代替周先生继续履行赡养义务。婚后，周先生还可以增加或变更配偶、子女为受益人。

（三）注意事项

如前文所述，保单的现金价值权益属于投保人，而非被保险人，那么该保单从合同上看归周先生的父亲或母亲所有，既如此，自然与周先生名下的财产区分开来，万一周先生发生婚变，保单可免于被分割。

不过，使用这个方案时，需要评估投保人的退保风险，如果周先生的父亲或母亲可能会擅自退保的话，不建议选择这一方案。同时，最好由名义投保人（周先生的父亲或母亲）与财产的实际所有人（周先生）签订书面协议，说明该保单的代持情况，明确保单现金价值（万能账户价值）等权益实际归周先生所有，以避免保险期间内因投保人身故而引发关于保单现金价值的继承争议。

三、婚前财产保护保单配置常见疑问

（一）婚前投保交了一期保费，婚后保费也是用我自己的工资交的，保单为何不能算作我的个人财产

这个问题，不少业内人士和客户都问过我。大家之所以会产生这样的疑问，根本原因在于未能理解我国法律规定的"婚后所得共同制"。

结婚之前，我们的各项收入和所得，都归自己一个人所有；结婚之后，男女双方组成了婚姻共同体，除非书面协议另有约定，任何一方在婚姻关系存续期间付出时间、精力、劳动等所获得的财产，都归夫妻二人组成的这个婚姻共同体所有。

本章第一节在讲"哪些财产属于夫妻共同财产"时已经提到，婚姻关系存续期间所得的工资、奖金、劳务报酬，属于夫妻

共同财产,归夫妻共同所有。因此,即便是自己上班付出劳动得到的工资,即便这些工资转到了专属于自己的银行账户中,也会因为是在婚后取得的,性质上同样属于夫妻共同财产。用自己的工资续交保费,等于是在用夫妻共同财产续交保费,既然保单的部分现金价值来源于婚后的夫妻共同财产,那这份保单自然就不再单纯地属于投保人的个人财产了。

(二)属于个人财产的大额保单,如果在婚姻关系存续期间通过质押保单借款,会导致这份保单与婚后夫妻共同财产混同吗

之所以有这个疑问,是因为大家对"保单贷款"的理解不准确。

《保险术语》中关于保单贷款的定义是:"人寿保险中,保险人以保单现金价值作为担保向投保人提供贷款的行为。"我们可以这样理解,保单贷款并不是投保人把自己保单里的钱"拿"出来用,而是"借"保险公司的钱用。保险公司既不审查投保人的征信状况,也不要求投保人用房产做抵押。为什么保险公司这么轻易就把钱借给投保人使用呢?因为投保人名下的保单中有现金价值。在这种借贷关系中,投保人是用保单的现金价值做了担保的,万一投保人不能按约定偿还借款,保单的现金价值作为质押权利需要优先用于清偿借款本息。所以说,保单贷款是投保人以保单的现金价值作为质押向保险公司申请贷款,并按约定还本付息的行为。

保单贷款是长期人身保险合同特有的功能,对于急需周转资金的投保人,保单贷款可以帮助其解决短期财务问题,同时又避免了退保或减保导致保险保障受损的问题。

可见，保单贷款使投保人与保险公司之间形成了借贷关系。投保人向保险公司借款应急，财务状况恢复后偿还借款本息，双方的借贷关系终止；如果投保人无法偿还所借款项，其保单的现金价值就要优先用于偿还借款本息。在整个借贷关系中，保单的现金价值起到了担保的作用，保单还是那个保单，只不过多了一个担保功能而已。因此，保单贷款又还款并不等于保单里的钱进进出出，不会导致婚前的保单与婚后夫妻共同财产的混同问题。

（三）婚前投保并完成全部保费支付的年金险，婚姻关系存续期间产生的生存保险金，是投保人的个人财产吗？离婚时需要分割吗

假设前述案例中周先生在登记结婚之前为自己投保了一份年金险并完成了全部保费的支付，毫无疑问，该年金险本身就是周先生的个人财产。周先生结婚之后依据这份年金险领取的生存保险金（假设每年 5 万元），是周先生的个人财产吗？万一离婚，是否需要分割？下面我们详细分析一下。

（1）婚姻关系存续期间获得的生存保险金是夫妻一方个人财产，还是共同财产？

关于这个问题，实务中确实存在争议。

一种观点认为，既然生存保险金是在婚后获得的，就应当被认定为夫妻共同财产。例如，最高人民法院《第八次全国法院民事商事审判工作会议（民事部分）纪要》中的观点：婚姻关系存续期间，夫妻一方依据以生存到一定年龄为给付条件的具有现金价值的保险合同获得的保险金，宜认定为夫妻共同财产，但双方另有约定的除外。

另外一种观点认为，不能一概将婚姻关系存续期间获得的生存保险金认定为夫妻共有，而要区分投保人、保费来源、保单本身的性质等因素。如果年金险是周先生结婚之后用夫妻共同财产投保，若双方无例外约定，该年金险后续产生的生存保险金当然属于夫妻共同财产。但案例中提及的保单是周先生的婚前财产，那么该保单后续产生生存保险金并未消耗周先生在婚姻关系存续期间的时间、劳动和精力，依据我国《民法典》关于夫妻共同财产的界定原则，这些生存保险金应属于周先生的个人财产，而非夫妻共同财产；同理，如果是周先生的父母出资并作为投保人，以周先生为被保险人投保的年金险，周先生依据该保险在婚姻关系存续期间获得的生存保险金与其劳动无关，也应认定为周先生的个人财产。我也认同该观点。

（2）婚姻关系存续期间获得的生存保险金该如何分割？

情形一：如果年金险是婚后投保的，保费也来源于夫妻共同财产，若夫妻双方无例外约定，该保险产生的生存保险金应作为夫妻共同财产参与离婚分割。

情形二：如案例中周先生的情况，年金险本身是周先生的个人财产，婚后可每年领取 5 万元的生存保险金。这又分三种情况：第一种情况，如果周先生已经将生存保险金领取并用于个人或家庭消费，既然已经消费了，则谈不上离婚分割的问题。第二种情况，如果周先生每年领取生存保险金，领取后未做账户隔离，存储生存保险金的银行账户频繁与其他账户转账往来，进而与二人的夫妻共同财产混同了，那么这些生存保险金实际上也要面临离婚分割的问题。第三种情况，如果周先生一直未领取生存保险金，而是选择将生存保险金在保单账户中累积生息或者转入万能账户，这种情况下生存保险金的分割问题，若双方协商不成诉诸法院的，如前文所述，实务中观点不统一，具体依法院的裁判而定。

▶ **本节复盘**

1. 说说你对保险所具备的保护婚前财产功能的理解。

2. 以保护婚前财产为目的投保大额保单时，可选的投保方案有哪些？这类投保方案有哪些注意事项？

第三节　保单配置与婚内财产保护

案例 3.3.1

付女士与徐先生结婚多年，育有一儿一女，孩子都在读小学。付女士生育后，便辞职在家，专注照顾家庭。徐先生经营了两家医疗器械贸易公司，目前经营状况良好。付女士与丈夫的感情尚可，但因徐先生工作较忙，出差多，不能更好地照顾家庭，以致夫妻之间引发了一些矛盾，双方在子女教育等问题上也偶有分歧。

有一次，我在某保险公司举办的客户答谢会上主讲《民法典》普法专题，付女士作为该公司的贵宾客户，在会后向我咨询了婚姻财产纠纷、合同尾款追讨等相关法律问题。结合会议中我讲到的保险话题，付女士告诉我，她在婚后为自己和家人购买了多份保单，她想知道：这些保单算谁的财产？如果她与丈夫离婚的话，各类保单及相关保险收益会不会被分割，如何分割？后续如果再买保险，她应该关注哪些事项？

本节，我就结合付女士所咨询的这些问题，给大家详细分析婚内购买保险的注意事项及离婚时保单的分割问题。

一、婚姻关系存续期间买的保险，离婚时是否需要分割

《民法典》第一千零八十七条第一款规定："离婚时，夫妻的共同财产由双方协议处理；协议不成的，由人民法院根据财产的具体情况，按照照顾子女、女方和无过错方权益的原则判决。"

离婚时，具有现金价值的保单是否分割，要看这份保单是一方的个人财产，还是夫妻共同财产。若是夫妻共同财产，离婚时是需要分割的。

（一）婚姻关系存续期间，夫妻一方用夫妻共同财产为自己或配偶投保，保单的现金价值仍属于夫妻共同财产

不少人以为"婚后买的保险，离婚时不用分割"，这种观念是错误的。像付女士已经结婚多年，她为自己或丈夫购买保险，保费的来源很可能是夫妻共同财产，那么离婚时，徐先生是有权要求分割保单的现金价值的。这就和买房子一样，婚后用夫妻共同财产买的房子，若离婚，肯定也是要作为夫妻共同财产分割的。买房子和买保险，只要花的钱来源于夫妻共同财产，离婚时就必须分割，两者的区别只在于财富形态的不同。

那么换句话说，婚后夫妻一方用婚前财产购买的保险，离婚时就不必分割。不过，我在本章的第一节也讲过了，不分割的前提是能够证明婚后投保时保费源于投保人的个人财产。

保险的确具有财产保全、定向传承等法律功能，但特定功能的实现是以保单的具体配置为基础的。不设任何前提而单纯认为"婚后买的保险，离婚时不用分割"，是对保险功能的错误理解。

（二）婚姻关系存续期间，夫妻一方为未成年子女购买的保险，实务中多被认定为夫妻双方对未成年子女的赠与

假设案例中付女士作为投保人，为两个孩子购买了重疾险、年金险等含有现金价值的保险产品，万一付女士和徐先生离婚了，为未成年子女购买的这些保险是否需要分割？如何分割？

离婚时的财产分割方案应当优先由夫妻双方协商确定，所以，为孩子购买的保单是否分割、怎么分割，付女士可以先和徐先生进行协商。如果两人协商不成，最终诉诸法院会怎么样呢？目前，针对这一情况法院会如何裁判，《保险法》及其司法解释并未做出统一规定。但在实务中，多数法院会认为为未成年子女购买的保险，应当认定为夫妻双方对未成年子女的赠与，不再作为夫妻共同财产分割。

江苏省高级人民法院民一庭[1]在 2019 年 7 月发布的《家事纠纷案件审理指南（婚姻家庭部分）》第 43 条（离婚案件中对于人身保险合同应当如何处理）中规定："离婚时，如果为未成年子女购买的人身保险合同尚处于保险有效期的，因保险的最终利益归属于未成年子女，该保险应当视为对未成年子女的赠与，不再作为夫妻共同财产分割。"

浙江省高级人民法院民一庭于 2016 年 6 月 27 日发布《关于审理婚姻家庭案件若干问题的解答》，该文件第 15 个问题是："婚

---

[1] 民一庭，即民事审判第一庭，主要负责审理民事案件。

姻关系存续期间，夫妻一方为子女购买的保险，在离婚时可否作为夫妻共同财产予以分割？"文件中的回答为："婚姻关系存续期间，夫妻一方为子女购买的保险视为双方对子女的赠与，不作为夫妻共同财产分割。"

正是因为在司法实践中，法院倾向于将婚姻关系存续期间夫妻一方为未成年子女购买的保险视为对未成年子女的赠与，不作为夫妻共同财产分割，有部分客户就认为，只要多为未成年子女购买大额保单，即便离婚，自己也可以作为投保人继续持有保单，后续可以用于质押贷款或退保取现等，从而达到多获得财产的目的。

针对这种想法或做法，我要提醒大家：

（1）父母为未成年子女购买的保险，父母离婚时不作为夫妻共同财产分割，是法院的一般做法，但也不排除有例外情形，尤其是所投保费与家庭总资产比例严重失调时。

比如，一个家庭除房产外的现金资产共约 60 万元，但为子女投保的年金险一次性交费却多达几十万元甚至更多。从常人的角度看，很难相信这是一种合理的投保行为，毕竟仅这份保单投入，就占据了家庭总资产的绝大部分。夫妻中非投保人的一方，也一定会强烈要求分割这份大额保单。此时，法官作为裁判者，就很有可能会支持其分割请求。

（2）为未成年子女购买的大额保单，即便离婚时法院判决未予分割，作为投保人一方，也不宜在离婚后将保单退保取现。

法院考虑到保险保障的是未成年子女，出于对未成年子女利益的维护，才判决为未成年子女购买的保险，离婚时不作为夫妻共同财产进行分割。如果离婚后，作为投保人的父母一方将保单退保取现供自己使用，无疑侵害了未成年子女的利益，相当于变相转移了夫妻共同财产。这种情形下，另一方有权要求重新分割退保金。

因此，为未成年子女配置健康险、年金险等，虽符合对未成年子女保障的需求，也是家庭理财的重要组成部分，但需要注意合理规划，选择与家庭实际需求和资产水平相符的投保方案。

（三）婚姻关系存续期间，夫妻一方为其父母购买的保险，离婚时如何处理

如果婚后用夫妻共同财产为自己的父母投保，而且所投保险具有现金价值，也就意味着该保单的现金价值来源于投保人的夫妻共同财产，那么当投保人离婚时，为父母购买的这些保单该如何处理？

首先，投保人应与配偶协商处理，确定分割或不分割。若分割，双方可以协商确定是退保后分退保金，还是继续保持合同效力，由投保人向另一方支付补偿金。如果双方不能协商一致，最终诉诸法院，鉴于该类保险中的被保险人是离婚纠纷当事人之外的第三人，保单涉及了案外第三人的利益，法院多不予处理。

例如，四川省某市人民法院审理的刘某与杨某离婚后财产纠纷一案中，杨某在婚后为其父母各投保了一份保险，刘某要求分割这两份保险，最终，法院在判决中对刘某的诉求未予支持。判

决书中说："原告主张被告以自己的名义给其父母购买的保险为原、被告的夫妻共同财产，而被告主张是自己的父母出钱购买，因涉及被保险人的相关权益，不属本案处理范畴。"

（四）保险金如何分割

离婚纠纷中的保险分割，除保单本身的分割问题外，还涉及重疾保险金、残疾保险金、身故保险金等各类保险金的分割问题。

（1）婚姻关系存续期间，夫妻一方获得的重疾保险金、残疾保险金，属于其个人财产，另一方无权分割。

假设付女士为自己投保了重疾险，不幸在婚后罹患重疾，依据重疾险合同从保险公司获得了 50 万元的重疾保险金。因为这 50 万元是因付女士罹患重疾而获得的，是专门用于付女士的疾病治疗和康复疗养的，具有人身专属性。所以，即便这笔钱是付女士在婚后取得的，也属于其个人财产，离婚时徐先生无权要求分割。

需要注意的是，保险金是以银行转账方式支付给被保险人的，而现金、存款具有不记名、流动性的特点，如果付女士不用专门账户领取和保管这笔保险金，在各账户间转进转出，便极易与其他资金发生混同，无法区分到底哪笔是个人财产，哪笔是夫妻共同财产。而在离婚诉讼中，如果不能证明是个人财产的话，将被作为夫妻共同财产进行分割。

因此，建议用新开立的银行账户领取此类保险金，同时避免与其他资金发生混同。

（2）婚姻关系存续期间，夫妻一方以身故受益人身份获得的身故保险金，属于其个人财产。

若付女士在结婚之前，或者在婚后征得徐先生同意，为自己的父亲购买了重疾险、寿险等保险，后来父亲因病身故，付女士作为寿险的身故受益人从保险公司取得了50万元的身故保险金，若无例外约定，这笔身故保险金就是付女士的个人财产，徐先生无权分割。

同样，这笔身故保险金需要付女士使用新开立的银行账户收取，并注意专户保管，尽量避免频繁转账，与其他资金发生混同。

《最高人民法院第八次全国法院民事商事审判工作会议（民事部分）纪要》

（二）关于夫妻共同财产认定问题

5.婚姻关系存续期间，夫妻一方作为被保险人依据意外伤害保险合同、健康保险合同获得的具有人身性质的保险金，或者夫妻一方作为受益人依据以死亡为给付条件的人寿保险合同获得的保险金，宜认定为个人财产，但双方另有约定的除外。

婚姻关系存续期间，夫妻一方依据以生存到一定年龄为给付条件的具有现金价值的保险合同获得的保险金，宜认定为夫妻共同财产，但双方另有约定的除外。

二、关于离婚时保单分割的建议

保单作为一种家庭财产，在离婚分割时，分的并不是当初支付的保费，而是离婚时保单所具有的现金价值。当然，如果夫妻双方都同意以所交保费为基准向对方支付补偿款的话，法院自然不会干涉。毕竟夫妻共同财产分割的原则，本来就是先由双方协商，协商不成时才由法院判决的。

实际生活中，夫妻双方在婚后投保，或者在婚前投保但婚后仍需要续交保费的，离婚时，双方可以协商的事项包括但不限于：

（1）是否分割这些保单？

（2）如果分割的话，是退保，分割退保金，还是不退保，由拥有保单的一方向另一方支付补偿款？

（3）拥有保单的一方向对方支付补偿款时，是以所交保费为基准进行补偿，还是以离婚时保单的现金价值为基准进行补偿？

（4）涉及投保人和被保险人分别为夫妻双方，或者身故受益人为配偶的，是否需要变更投保人或受益人？

（5）为子女购买的保险怎么处理，是退保还是不退保？不退保的话，后续保费如何支付？投保人是否应变更为直接抚养子女的一方？身故受益人是否也需要变更？

（6）夫妻一方为自己父母购买的保险如何处理，退保与否，不退保的话，是否向另一方支付一定的补偿款，补偿款的支付标准又是什么？

以上这些问题，夫妻双方在离婚时可以协商解决，若能达成一致意见，依据双方的协商结论处理即可。若实在无法协商一致，则由法院根据相关规定及实际情况进行判决。

案例 3.3.2

张先生和王女士在 2015 年结婚，王女士婚后陆陆续续购买了多份保险。其中，王女士为自己和丈夫张先生都投保了重疾险和寿险，年交保费分别为 20000 元和 30000 元。为女儿投保了一份重疾险，年交保费 8000 元。

2019 年，二人感情出现问题，慎重考虑后，决定离婚。双方对财产分割和女儿抚养问题进行了协商。关于婚后所投保险的分割问题，咨询律师后，二人决定做以下处理：

1. 变更投保人

王女士一家三口共五份保险，投保人均是王女士。鉴于王女士与张先生要解除婚姻关系，为方便后续交费，被保险人为张先生的那两份保险，将投保人变更为张先生本人。

2. 变更受益人

王女士为张先生投保的寿险，受益人是王女士；王女士为自己投保的寿险，受益人是张先生。现在两人要解除婚姻关系，且双方都认为没有担任对方保单身故受益人的必要，决定将前述两份保险的受益人都变更为他们的女儿。

王女士为女儿投保的重疾险含身故保障，因此将该份保险的身故受益人变更为张先生和王女士两个人。

3. 不再向对方要求另行补偿差额，后续保费由自己支付

张先生和王女士经协商，一致同意：这五份保险无论所交保费多少、目前现金价值多少，变更投保人后，两人各自持有自己的保单，均不再向对方要求另行补偿差额，后续保费由自己支付。

4.两个人共同承担女儿保单的后续保费

二人同意离婚后由王女士直接抚养女儿，张先生按季度支付抚养费。对于女儿那份重疾险的后续保费，由张先生和王女士共同承担，在每年交费前 10 日内，张先生将应由他承担的那部分费用 4000 元转账至王女士的账户上。

以上便是张先生和王女士离婚时对家庭五份保险的处理方案。只要夫妻双方协商一致，便可针对保单进行相应的变更。对于保单的分割，我建议大家尽量协商处理，毕竟，协商解决是最便利、最不伤感情的处理方式。

三、婚内投保方案解读

以案例 3.3.1 中付女士和徐先生的家庭为例，结合其家庭需要关注的风险情况及需求，可做以下保险规划。

方案一：不可忽视家庭支柱的风险保障

投保人	被保险人	身故受益人
徐先生 / 付女士	徐先生	子女

方案一中的保单构架

（一）保单架构

徐先生是家庭收入的主要来源，生活支出、子女教育、赡养老人等经济负担主要在徐先生身上，因此应当重点关注其保险保障问题。比如，以徐先生为被保险人配置含身故责任的大额保单，且保额不宜较低，应当与徐先生的身价和家庭责任相匹配。

险种可选择寿险（如终身寿险、定期寿险等）、意外险（保费低，只保障意外事故导致的身故风险），投保人可以是徐先生本人，也可以是付女士。

虽然付女士不是家庭收入的主要来源，但同样属于家庭支柱，医疗险、意外险、重疾险等保障型保险也必不可少。

（二）方案解读

1. 保单现金价值

该方案中保单的现金价值权益属于投保人，但因该保单是婚后用夫妻共同财产购买的，保单仍属于付女士与徐先生的夫妻共同财产。

若急需资金，徐先生或付女士可以利用保单贷款解决短期的财务问题。

2. 身故保险金

该方案中可指定徐先生和付女士的子女作为身故受益人，万一被保险人身故，子女以身故受益人的身份办理保险金的申领手续即可，无须走像财产继承手续一样烦琐的流程。

如果被保险人徐先生或付女士身故时尚有债务未偿还，根据《民法典》第一千一百五十九条的规定："分割遗产，应当清偿被继承人依法应当缴纳的税款和债务；但是，应当为缺乏劳动能力又没有生活来源的继承人保留必要的遗产。"所以，被保险人的遗产应当首先用于偿还其生前的债务。

但由于方案中已将保单的身故受益人明确指定为二人的子女，子女以身故受益人身份领取的保险金，在性质上不是遗产，因此可以免于清偿被保险人生前的债务。

那么，什么情况下保险金会被当作被保险人的遗产呢？这在《保险法》第四十二条中有明确规定。

《保险法》

第四十二条　被保险人死亡后，有下列情形之一的，保险金作为被保险人的遗产，由保险人依照《中华人民共和国继承法》[①]的规定履行给付保险金的义务：

（一）没有指定受益人，或者受益人指定不明无法确定的；

（二）受益人先于被保险人死亡，没有其他受益人的；

（三）受益人依法丧失受益权或者放弃受益权，没有其他受益人的。

受益人与被保险人在同一事件中死亡，且不能确定死亡先后顺序的，推定受益人死亡在先。

---

① 自 2021 年 1 月 1 日起，《民法典》正式施行，《民法典》继承编取代《中华人民共和国继承法》（以下简称《继承法》）。

如果身故受益人是在自己婚姻关系存续期间领取的身故保险金呢？这个问题我在前面讲保险金的分割问题时也说过，该笔保险金在性质上仍属于其个人财产，而非夫妻共同财产。这就可以实现资产的专属定向传承。当然，身故受益人要做好保险金的账户隔离，防止与其他财产混同。

（三）注意事项

方案一中的保单或者是徐先生自己为自己投保，或者是夫妻互保，但不管怎样，该方案下保单的现金价值均是徐先生和付女士的夫妻共同财产。在保单尚未发生身故理赔的情况下，若投保人产生债务不能偿还，保单的现金价值是可以被执行还债的。

不过，大家不必因此就否认方案一的作用。配置该方案的主要目的在于应对家庭支柱突然倒下导致的收入中断及生活品质下降、子女教育难以为继的风险，这才是重点。

若徐先生的公司经营状况发生变化，未来可能面临债务风险，可以在债务危机发生之前，变更投保人为夫妻之外的家人（如成年子女或父母）。这样一来，当徐先生夫妇日后发生债务问题时，由于保单已经不属于徐先生夫妇的责任财产，便不会被执行还债，从而实现一定的财产保全功能。

方案二：关注自己的保险保障和资金规划

投保人	被保险人	身故受益人
付女士	付女士	子女

方案二中的保单架构

（一）保单架构

付女士作为投保人为自己购买保险，指定子女为受益人。

险种建议选择医疗险、意外险、重疾险、寿险等保障型保险，同时也可以配置年金险。

（二）方案解读

1.保单控制权

方案二中，付女士既是投保人，也是被保险人，保单的质押贷款及指定受益人的权利由付女士一人享有。万一她与徐先生的婚姻出现危机，涉及保单分割时，付女士同时作为投保人及被保险人的保单，是直接退保以分割退保金，还是继续持有保单而向徐先生支付相应补偿款，可以由付女士单方决定。换句话说，付女士完全拥有这份保单的控制权。

《最高人民法院第八次全国法院民事商事审判工作会议（民事部分）纪要》

（二）关于夫妻共同财产认定问题

4.婚姻关系存续期间以夫妻共同财产投保，投保人和被保险人同为夫妻一方，离婚时处于保险期内，投保人不愿意继续投保的，保险人退还的保险单现金价值部分应按照夫妻共同财产处理；离婚时投保人选择继续投保的，投保人应当支付保险单现金价值的一半给另一方。

2.离婚时分割的是保单的现金价值

前面已经提到，婚后用夫妻共同财产投保的含有现金价值的人身保险，属于夫妻共同财产，离婚时应当予以分割。如果夫妻双方就保单分割问题不能协商一致而诉诸法院，法院分割保单时并非以当初所交的保费为分割基准，而是以离婚时保单的现金价值为分割基准的[①]。

比如，付女士为自己投保了某寿险附加重疾险，交费五年后，共支付保费 10 万元，由于保障型保险的现金价值在投保初期普遍较低，我们假设付女士与徐先生离婚时，保单的现金价值为 3 万元。离婚时分割的，只能是离婚时保单的现金价值，即 3 万元。如果付女士决定继续持有保单，那么她只需要向徐先生补偿现金价值的一半 1.5 万元即可。年金险也是一样，离婚时分割的是当时的保单现金价值，而非所交保费，如果付女士继续持有保单，只需要补偿给对方一半的现金价值即可。

因此，低现金价值的保单，可以起到降低财产分割基数的作用，使得付女士只需要付出相对较少的资金，就可以保留相应的保险保障。

[①] 除最高人民法院发布的《第八次全国法院民商事审判工作会议（民事部分）纪要》（2016 年 11 月 30 日）第 4 条中做此规定外，江苏省高级人民法院民一庭于 2019 年 7 月 18 日发布的《家事纠纷案件审理指南（婚姻家庭部分）》第 43 条中也规定：如果投保人和被保险人均为夫妻一方，离婚时夫妻双方可以协议退保或者继续履行保险合同。投保人不愿意继续履行的，保险人退还的保险单现金价值应当作为夫妻共同财产分割；投保人愿意继续履行的，投保人应当支付保险单现金价值的一半给另一方。

方案三：为未成年子女投保，给离婚时财产分割留有余地

投保人	被保险人	身故受益人
付女士	子女	付女士

方案三中的保单架构

（一）保单架构

除消费型的医疗险、意外险等基础保障型保险外，还可以为子女购买具有储蓄性质的长期保险产品。此时，可由付女士作为投保人和身故受益人，未成年子女作为被保险人。

（二）方案解读

1. 对被保险人及家庭的作用

为未成年子女配置医疗险、意外险、重疾险等基础保障型保险，能够提高整个家庭的抗风险能力，是家庭基础保障的重要组成部分。

为未成年子女配置年金险，可以起到强制储蓄、稳健增值，储备子女未来的教育费用及婚嫁费用等作用，构成家庭资产配置的基础组成部分。

2. 对投保人的作用

方案三中，投保人是付女士，保单的现金价值权益属于投保人，当付女士和徐先生发生婚变时，如前文所述，法院多认为此类保险应当视为对未成年子女的赠与，不再作为夫妻共同财产分割。那么，付女士作为投保人，可以借助保单质押贷款应对离婚

后的短期财务问题。

但凡事都有例外，即便为未成年子女投保，也应避免（与家庭资产状况明显不匹配的）大额投保，而且投保的时间越早越好，避免在感情破裂甚至离婚期间大额投保。

方案四：为父母购买含有身故责任的保险，指定自己为身故受益人

投保人		被保险人		身故受益人
付女士		父母		付女士

方案四中的保单架构

（一）保单架构

作为子女，我们常常会为父母购买意外险、医疗险、防癌险、重疾险等保障型保险，遇到合适的保险产品时也会为父母购买年金险、增额寿险等储蓄型保险。如果付女士在其婚姻关系存续期间为父母购买含有身故责任的保险，可将身故受益人指定为付女士自己。

（二）方案解读

为父母投保意外险、医疗险、防癌险等保障型保险，可以补充父母因意外磕碰、住院治疗等产生的医疗费用。

为父母投保意外险、年金险、寿险这类含有身故责任的保险，付女士自己为身故受益人，当被保险人身故时，付女士可以领取相应的身故保险金。如果付女士与徐先生未就该笔身故保险金的归属有其他约定，那么这笔保险金在法律性质上就是付女士的个人财产。一旦发生婚变，个人财产是不参与离婚分割的。但前提是付女士有证据证明账户中的某笔资金是其以身故受益人的身份从保险公司领取的，也就是我多次强调的专户办理理赔手续、专户存储，避免与夫妻共同财产混同。

▶ 本节复盘

1. 婚后用夫妻共同财产为自己购买的保险，离婚时要分割吗？如何分割？

2. 为未成年子女购买的保险，夫妻离婚时要分割吗？若不分，投保时有哪些注意事项？

3. 夫妻一方在婚姻关系存续期间领取的重疾保险金、残疾保险金、身故保险金，是其个人财产，还是夫妻共同财产？

第四节　借助年金保险实现对子女的财富支持

《民法典》施行后，我主讲了很多关于《民法典》的普法讲座。在谈到继承人范围的问题时，我会问大家："按照法律的规定，谁有权继承我们的财产？"多数嘉宾会回答："父母、子女、配偶。"再问："那么，我们奋斗一生辛苦积累的财富，最想留给谁？"得到的回答十有八九会是"子女"。

绝大多数的父母就是如此，自从有了孩子，几乎都在围绕着子女转——抚育他长大、送他入学、助他成家、给他带小孩，子女缺钱时，还要竭力支援……你看，即便子女已经成家立业，可能也少不了父母在经济上的支持。因此，子女婚姻破裂带来的财产分割纠纷，不单单是子女夫妻双方之间的问题，往往还会牵扯到父母。因此，父母在对子女进行经济上的支持时一定要考虑清楚，财产应该什么时候给？怎么给？如果子女的婚姻亮起"红灯"，自己给出去的财产如何得以保全？

一、给钱给房却遇上子女的婚变或负债

案例 3.4.1

周先生和李女士在 2018 年结婚，婚后两人打算置换房产，但还有一些资金缺口。周先生的父母准备了一部分资金，在周先生和李女士向开发商支付购房款的前一天，周先生的母亲将 100 万元转至儿子周先生的银行卡上用于购房。购房手续办妥之后，房产登记在了周先生和李女士两个人的名下。

2021 年，两人感情破裂，最终决定离婚。但离婚时，双方对于房产的分割出现了分歧。

这套房子是两人婚后购买的，归夫妻共同所有，离婚时应当予以分割，原则上房产的价值应当一人一半，两人对于这一点达成了一致意见。问题在于，当年购房时周先生的母亲出资了 100 万元，现在周先生和李女士离婚要分割这套房产，那就意味着周先生母亲的出资也将跟着房子被一并分割。周先生想把钱还给母亲，李女士不同意，认为这是对他们夫妻双方的赠与。同时，周先生的母亲也提出要求，希望要回其当年出资的 100 万元。那么，这笔钱能否要回，法律是如何规定的？

《〈民法典〉婚姻家庭编司法解释（一）》第二十九条第二款规定了父母为子女购房出资的认定问题："当事人结婚后，父母为双方购置房屋出资的，依照约定处理；没有约定或者约定不明确的，按照民法典第一千零六十二条第一款第四项规定的原则

处理。"

案例 3.4.1 中，周先生父母的出资是在周先生和李女士结婚之后给的，这笔出资到底是借款还是赠与？若是赠与，是赠给周先生一人的，还是赠给周先生和李女士夫妻双方的？其实，如果有明确的证据（如书面的赠与合同、明确的短信或微信文字聊天记录等）说明这些问题，这 100 万元的出资便不会引起争议。遗憾的是，周先生的父母将 100 万元转给周先生时，并没有保留任何证据，导致其性质模糊不清。这就属于上述法律条文所说的"没有约定或者约定不明确"的情况，需要按照《民法典》第一千零六十二条第一款第四项规定的原则处理。

根据以上法律规定，我们可以得出结论：由于周先生父母出资时并没有约定 100 万元是借款或是仅赠给周先生个人的资金，所以这 100 万元便默认为是对周先生和李女士夫妻双方的赠与，属于双方的夫妻共同财产。离婚时，需要一同分割。

我国法律为什么要把子女婚后购房时父母的出资定性为赠与，而不是借贷呢？这与我国的现实国情有关。最高人民法院民事审判第一庭关于该问题的阐述如下：

父母子女间的亲缘关系决定了父母出资为赠与的可能性高于借贷。从中国现实国情来看，子女刚参加工作缺乏经济能力，无力独自负担买房费用。而父母基于对子女的亲情，往往自愿出资为子女购置房屋。绝大多数父母出资的目的是要解决或改善子女的居住条件，希望子女生活得更加幸福，而不是日后要回这笔出资。因此，父母出资借贷给子女买房的概率远低于父母将出资赠与子女买房。进而，由主张借贷关系这一低概率事件存在的父母来承担证明责任，也与一般人日常生活经验感知保持一致。综上，在父母一方不能就出资为借贷提供充分证据的情形下，一般都应认定该出资为对子女的赠与[①]。

那么，周先生的父母可不可以在发现儿子夫妻关系不和时，声称"钱不是送给他们的，而是借给他们的"？这里要注意的是，父母出资时，真实意图的表达，一般应发生在出资时或出资后不久。在这之后父母再主张出资为借贷关系，在法庭上一般不会得到支持。这是为了防止子女婚姻有变或父母与子女关系恶化时，父母以借贷关系为由要求返还出资的情况出现。

除此之外，父母对子女进行财富支持时还需要关注以下问题：

1. 过早失去对财富的控制权

财富的传承分为生时赠与和身后继承。随着子女的成长，有的父母会考虑在生前将部分资产，如公司股权、房产等传承给子女，让子女参与管理，也避免将来烦琐的继承手续和可能产生的争产纠纷。

与身后继承相比，生时赠与由赠与人主导，体现赠与人的意

---

① 最高人民法院民事审判第一庭. 最高人民法院民法典婚姻家庭编司法解释（一）理解与适用 [M]. 北京：人民法院出版社，2021：288-289.

志，避免了继承时可能存在的遗嘱无效、继承人争产等风险。

但需要注意的是，赠与完成就意味着财产所有权的转移。比如，将公司股权转让给子女，股权中对应的表决权、分红权等权利也将一并属于子女。子女获得表决权后，是否会对公司的经营管理产生影响，是否有必要通过协议等方式规避这种风险，需要赠与人通盘考虑。再比如，将房产过户给子女后，子女成为房产的所有权人，房产的抵押、变卖、加名等均由子女决定，原所有权人无权干涉。

因此，父母想要将财产赠与子女，需要先做全面的评估，之后再有计划、有步骤地传承，以防范子女擅自处分财产。

2. 受赠的财产属于责任财产，需要用于偿还债务

父母赠与子女财产时，若在赠与合同中明确表示财产只归己方子女所有，那么子女受赠的财产就是其个人财产，而非夫妻共同财产。但是，对于因家庭生活、共同生产经营等原因产生的夫妻共同债务，子女夫妻双方均负有连带偿还责任。这就意味着，即便子女受赠的财产是其个人财产，也可能会用于偿还夫妻共同债务。

因此，对于打算提前赠与子女大额财产的父母，建议您先评估子女的债务风险。如果发现子女或其配偶的债务风险较高，可以暂缓赠与，避免所赠财产因子女的债务而被执行。

二、善用赠与合同

夫妻一方在婚姻关系存续期间受赠所得的财产属于夫妻共同

财产，除非赠与人在赠与时通过赠与合同明确表示只归一方。可见，赠与合同能够满足父母想要将财产仅赠给己方子女的意愿。

生活中，当子女婚后因买房、购车或其他原因需要资金周转时，父母往往会出资支援。出于维护家庭和睦的需要，中国的父母大多不会要求子女及其配偶出具借条，但同时又担心自己赠与的财产会因子女婚变而被分割。其实，通过签订赠与合同就可以规避这一风险。

案例 3.4.2

2020 年 9 月 3 日，曾某与眭某经法院调解离婚，双方在民事调解书中同意解除婚姻关系，但未对二人婚姻关系存续期间的财产进行分割。嗣后曾某就婚内财产分割事宜诉至法院，要求分割二人婚姻关系存续期间的共同财产，其中含 A 房产。

一审法院查明，2006 年 10 月 9 日，眭某母亲鲁某与眭某签订了一份《赠与合同》，该合同约定："一、甲方系乙方母亲，甲方鲁某自愿将位于某某区的房屋赠与乙方，乙方自愿接受该房屋，该房屋的土地使用权及其相关权益随房屋一并赠与乙方；二、甲方承诺所赠房屋不存在任何权属纠纷，并保证房屋不受他人合法追索，甲方赠与的房屋只归乙方个人所有，不受乙方婚姻家庭状态之影响。"

对于案涉 A 房产的分割问题，一审法院认为：

2006 年 10 月 9 日，眭某母亲鲁某赠与眭某的 A 房产，并在赠与合同中约定："二、甲方承诺所赠房屋不存在任何权属纠纷，并保证房屋不受他人合法追索，甲方赠与的房屋只归乙方个人所有，不受乙方婚姻家庭状态之影响。"根据《民法典》第一千零六十三条的规定："下列财产为夫妻一方的个人财产：（一）一方的婚前财产；（二）一方因受到人身损害获得的赔偿或者补偿；（三）遗嘱或者赠与合同中确定只归一方的财产。"该房产应认定为睦某的个人财产，不是夫妻共同财产。驳回了曾某要求分割 A 房产的诉讼请求。

二审法院维持了原判。

关于赠与合同，大家常问的问题有两个：（1）父母通过赠与合同强调财产只赠给自己子女个人，是否会影响子女的夫妻感情及家庭和睦？（2）赠与合同是否需要办理公证？

先回答第一个问题，赠与合同是否会影响子女的夫妻感情及家庭和睦？

实际上不会影响，财产所有人想把自己的财产赠给谁，就跟谁签订合同。因此，父母赠与子女财产，只需要父母和子女签订合同即可，不需要征得第三方同意，也不需要第三方在合同上签字。儿媳或女婿实际上不参与甚至不知晓该赠与合同的存在，既然如此，便不会影响到子女夫妻双方的感情。

父母都希望子女的婚姻幸福，签订此类赠与合同，并强调仅赠给子女个人，主要是基于离婚率较高的社会现实所做的保全之举。如果子女婚姻美满，这份赠与合同便始终无用武之地——这也是为人父母最想看到的结果。

第二个问题，赠与合同是否需要办理公证？

签订赠与合同的双方是赠与人和受赠人，即父母和子女，只要双方是基于自己的真实意思签订合同的，合同自成立时就会生效，对双方均具有约束力。是否办理公证，并不影响合同的效力。不过，从证据的角度讲，经过公证的合同具有更高的证明力。因此，如果你非要看到公证处的红色公章才觉得安心，也不妨将赠与合同去公证一下。

《中华人民共和国民事诉讼法》（以下简称《民事诉讼法》）

第七十二条　经过法定程序公证证明的法律事实和文书，人民法院应当作为认定事实的根据，但有相反证据足以推翻公证证明的除外。

《最高人民法院关于适用〈中华人民共和国民事诉讼法〉的解释》

第九十三条　下列事实，当事人无须举证证明：

（一）自然规律以及定理、定律；

（二）众所周知的事实；

（三）根据法律规定推定的事实；

（四）根据已知的事实和日常生活经验法则推定出的另一事实；

（五）已为人民法院发生法律效力的裁判所确认的事实；

（六）已为仲裁机构生效裁决所确认的事实；

（七）已为有效公证文书所证明的事实。

前款第二项至第四项规定的事实，当事人有相反证据足以反驳的除外；第五项至第七项规定的事实，当事人有相反证据足以推翻的除外。

三、搭配年金险，帮子女把把财富关

案例 3.4.3

陶总经营着一家设备公司，经过多年积累，家庭经济状况较好。陶总夫妇唯一的女儿丽丽大学毕业后留在本地工作，与男友小赵交往两年后，两人计划结婚。小赵的父母已全款购置了一套房产登记在小赵名下，两个年轻人打算将该房产作为婚房使用。陶总也考虑为女儿准备婚嫁财产，打算为女儿买一辆车，同时再给500万元的现金嫁妆，公司股权、房产等财产则视情况逐渐传承给女儿。

从法律视角来看，案例 3.4.3 中各项财产的归属及相关风险如下：

（1）小赵父母全款购置的房产，登记在小赵个人名下，且是在小赵婚前购买的。因此，这套房产属于小赵的婚前个人财产。万一小赵和丽丽离婚，丽丽无权分割这套房产。

（2）陶总为女儿丽丽购买的车，也是在丽丽婚前全款购买的，属于丽丽的个人财产。

（3）关于 500 万元的现金嫁妆，若陶总在丽丽登记结婚之前转账给她，这笔钱就属于丽丽的个人财产；若在二人登记结婚之后才转账，最好通过书面协议或者文字版微信或短信等方式明确表明仅赠与丽丽一人。这种情形下，这笔现金就属于丽丽的个人财产。

需要注意的是，即便陶总明确强调 500 万元仅是对丽丽个人的赠与，如果丽丽没有将收取嫁妆的银行账户与其他银行账户进行隔离，而是在婚后继续使用，与其他银行账户频繁转账，同时用来收取自己的工资奖金、理财收益以及小赵转账过来的资金等，这笔婚前个人财产就会与婚后的夫妻共同财产发生混同。一旦离婚，已经严重混同的资金，由于无法区分哪些是婚前的，哪些是婚后的，便会作为夫妻共同财产而被分割。

（4）房产、存款、车辆等财产，只要属于小赵或丽丽，当二人因为共同生活或共同生产经营产生债务时，这些财产无论性质上是夫妻共同财产，还是一方的个人财产，都应当用于偿还夫妻共同债务。

基于以上分析，陶总在为女儿做婚嫁财产规划或在女儿婚后赠与大额财产时，可通过签订赠与合同等方式明确仅赠与女儿个人。同时，女儿对受赠财产的存储及管理上要注意避免与婚后的夫妻共同财产混同。

除了签订赠与合同，陶总还可以借助年金险对女儿进行财富支持。

比如，陶总作为投保人，为女儿丽丽配置大额年金险，约定陶总夫妇二人作为保单的身故受益人。

投保人	—	被保险人	—	身故受益人
陶总		女儿		陶总夫妇

陶总的保单架构

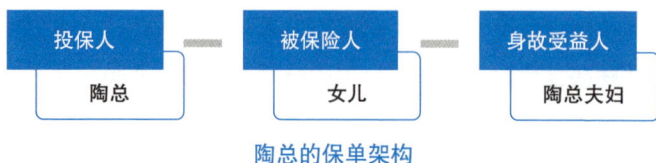

该投保方案的优点如下：

1. 投保人拥有保单控制权

保单的现金价值权益属于投保人陶总，退保、变更投保人的权利也在陶总手中，陶总拥有该保单的控制权，不用担心女儿擅自退保或进行保单质押贷款。

2. 被保险人依据合同分次领取生存保险金，避免挥霍风险

若无例外约定，保单的生存保险金由被保险人丽丽依据保险合同逐年按次领取。与一次性大额赠与子女现金相比，这种方式可避免子女挥霍风险。

如果丽丽并不急需该保单的生存保险金，陶总可同时投保万能账户，将生存保险金的领取方式设置为"转入万能账户"。生存保险金进入万能账户以后，可以通过该账户的实际结算利率获得相应收益，实现资金的二次增值。

3. 不受被保险人的婚姻和债务风险影响

保单的现金价值权益和万能账户价值（如有）是属于投保人陶总的。如果被保险人丽丽婚变时涉及财产分割，需要分割的是丽丽和小赵的夫妻共同财产，而该保单的现金价值及账户价值不

属于丽丽，不受其离婚风险的影响①。同理，如果丽丽和小赵婚后产生共同债务，丽丽虽有偿还责任，但由于该保单的投保人是陶总，因此保单不会被法院强制执行还债。

4. 按意愿指定和变更身故受益人

该投保方案中的身故受益人可根据意愿指定及变更。陶总为丽丽投保时，指定了陶总夫妇作为保单的身故受益人。万一被保险人发生身故风险，陶总夫妇可凭受益人身份领取身故保险金，而丽丽的配偶小赵对该笔保险金没有继承权。如果丽丽和小赵的感情稳定，陶总可以增加小赵为身故受益人，以增进夫妻感情；当丽丽生育子女后，陶总还可以增加或者将身故受益人变更为丽丽的子女，最终的受益权由第三代获得，家庭资产借助年金保单实现了三代之间的传承。

5. 投保人可变更，变更后的投保人可全权处理保单的相关事宜

随着时间的推进，等到丽丽的婚姻、事业稳定了，陶总可以将投保人变更为丽丽本人，保单权益自此完全属于丽丽。她作为保单的投保人和被保险人，可以全权决定退保、保单贷款、变更投保人及受益人等事宜，按照自己的意愿使用和规划这份保单。

需要说明的是，变更投保人意味着保单的现金价值等权益的转移，而无偿转移财产即被视为赠与。所以，若陶总打算将投保

---

① 注意：如果丽丽将生存保险金领取出来又与其他存款混同了，混同后的生存保险金会被视为夫妻共同财产，需要进行分割。

人变更为女儿丽丽时，丽丽已经结婚，如果陶总在赠与时没有明确说明仅赠与丽丽个人，那么所赠的保单将成为丽丽和小赵的夫妻共同财产。因此，若陶总希望保单仅赠给女儿一个人，可以与丽丽签订赠与合同，明确该保单变更投保人后，现金价值等相关财产性权益仅归丽丽个人所有，是其个人财产。

下图是我草拟的赠与合同，供各位读者参考，但具体还需要结合自己的实际情况拟定。

赠与合同

为明确保单相关权益的归属问题，赠与人×××与受赠人×××约定如下：

一、保单基本信息

保单号：××××，产品名称：××××，投保人：×××，被保险人：×××

投保时间：××××年××月××日，年交保费：××××元，共交××年，现已支付全部保费。

二、投保人变更问题

现投保人×××决定将本保单的投保人变更为×××，此次投保人变更所涉及的保单现金价值、账户价值、生存保险金等相关权益，均是对×××个人的赠与，不作为其夫妻共同财产。

三、本合同签订后××日内通知保险公司办理投保人变更手续。

四、本合同自双方签字之日起成立，一式×份，具有同等效力。

赠与人：（原投保人，婚后投保的也需配偶签字）　　日期：

受赠人：（变更后的新投保人）　　　　　　　　　　日期：

赠与合同样例

▶ **本节复盘**

　　1.子女婚后购房，且由父母出资的，该资金是子女的个人财产吗？如果希望该资金属于子女的个人财产，应采用什么方法来明确此事？

　　2.请尝试起草一份100万元购房款仅赠与子女个人的赠与合同。

　　3.从父母对子女进行财富支持的角度看，父母作为投保人，子女作为被保险人的大额保单投保方案都具备哪些功能？

第四章
大额保单与财富传承规划

　　胡润研究院在《2021 意才·胡润财富报告》中预测，中国未来 10 年将有 18 万亿元财富传给下一代，未来 20 年将有 49 万亿元财富传给下一代，未来 30 年将有 92 万亿元财富传给下一代。和这些需要继承的巨额财富相伴而生的，是越来越多元化、复杂化的财富结构。因此，实现合理、合法的财富传承，已是许多家庭面临的重要课题。

　　本章，我将对财富传承的相关法律规定、遗嘱的订立、人身保险及保险金信托的定向传承功能等内容进行详细解读，以期在财富传承的认识方面对各位读者有所助益。

第一节 必须知道的法定继承知识

案例 4.1.1

金先生和金太太在广东经营一家工厂，育有一子一女。金先生的父亲已身故，多年来，金先生的母亲一直跟随金先生夫妇共同生活。

金先生夫妇购有多套房产，家中也有不少银行理财产品和存款。

2017 年，金先生因病住院，不久不幸身故，生前并未订立遗嘱。

金先生身故后，其母亲被金先生的哥哥接回老家生活。

2019 年，金先生的母亲也因病过世。

2020 年年底，金太太想要卖掉几套当年夫妻共同购买的房产，却被告知房产中属于金先生的份额是其遗产，除金太太外，金先生的其他法定继承人也享有继承权，因此金太太没有权利单独出售房屋。

明明是夫妻共同购买的房产，为什么丈夫身故后，金太太却不能处置呢？

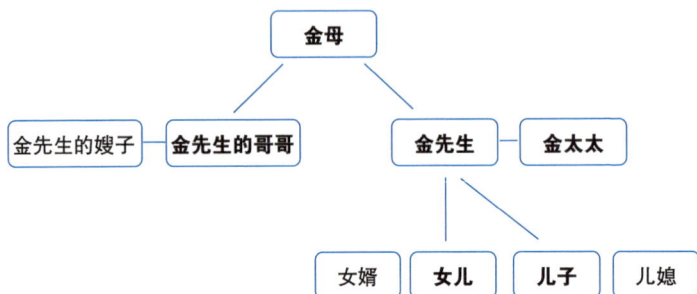

金先生的家庭关系图

　　这是我处理过的一个真实案例，案情并不复杂，所涉及的家庭关系也相对简单。结合本案，我来为大家梳理一下财产继承的相关法律规定。

一、什么是法定继承

　　"你的财产最想留给谁？"在各类介绍《民法典》的讲座中，当我谈到继承话题时，一般会问参会嘉宾这个问题，有的说"想留给爱人"，有的说"想留给父母"，多数会说"想留给子女"。然而，在很多情况下，我们的财产可能无法按照自己的心愿分配，而要按照法定继承的方式分配。

　　所谓法定继承，是指由法律直接规定继承人的范围、继承的先后顺序以及遗产分配原则的一种继承方式。如果被继承人没有通过订立遗嘱等方式提前对身后遗产作出适当的安排，其遗产将由法定继承人按照法定继承程序继承。

　　我们可以把财产继承简单地归纳为：提前规划，自己说了算；不做安排，法律说了算。也就是说，若我们对于自己的个人财产将来要留给谁、各继承人之间如何分配等问题有自己的想法，那就需要通过订立遗嘱等方式提前规划；若不提前安排，便要遵照相关的法律规定来处理财产继承事宜。

　　当然，有一些法律的强制性规定，即便立了遗嘱也是不能突破的。例如，《民法典》第一千一百四十一条规定："遗嘱应当为缺乏劳动能力又没有生活来源的继承人保留必要的遗产份额。"所以，当所立的遗嘱没有为"缺乏劳动能力又没有生活来源"的继承人保留必要份额，在继承时就会由法院直接从遗产总额中扣减一定的遗产交与这类继承人，剩余的部分才能按照遗嘱中确定的遗产分配规则进行分配。

二、法定继承人有哪些

　　《民法典》第一千一百二十七条对继承人的范围和继承顺序做了规定。

　　《民法典》

　　第一千一百二十七条　遗产按照下列顺序继承：

　　（一）第一顺序：配偶、子女、父母；

　　（二）第二顺序：兄弟姐妹、祖父母、外祖父母。

　　继承开始后，由第一顺序继承人继承，第二顺序继承人不继承；没有第一顺序继承人继承的，由第二顺序继承人继承。

本编所称子女，包括婚生子女、非婚生子女、养子女和有扶养关系的继子女。

本编所称父母，包括生父母、养父母和有扶养关系的继父母。

本编所称兄弟姐妹，包括同父母的兄弟姐妹、同父异母或者同母异父的兄弟姐妹、养兄弟姐妹、有扶养关系的继兄弟姐妹。

对于以上法条，有几点需要注意：

（一）配偶

法定继承人的"配偶"，专指被继承人死亡时尚生存着的夫或妻，而且是与被继承人生前婚姻关系仍存续的夫或妻[1]。已经离婚的前妻或前夫，1994年2月1日起没有办理结婚登记而以夫妻名义同居生活的男女，均不属于法定"配偶"范畴；已经领取结婚证但实际没有共同生活，或者实际已经分居但尚未办理离婚登记手续的男女双方，仍属于法定"配偶"范畴。

（二）子女

这里的子女，包括婚生子女、非婚生子女、养子女和有扶养关系的继子女。

与婚生子女一样，非婚生子女同样有权继承父母的遗产。在

---

① 最高人民法院民法典贯彻实施工作领导小组. 中华人民共和国民法典婚姻家庭编继承编理解与适用 [M]. 北京：人民法院出版社，2020：528.

我国，非婚生子女是指不具有合法婚姻关系的男女所生育的子女。《民法典》第一千零七十一条规定，非婚生子女享有与婚生子女同等的权利。

关于养子女，《民法典》第一千一百一十一条规定"自收养关系成立之日起，养父母与养子女间的权利义务关系，适用本法关于父母子女关系的规定"，也就意味着养子女与亲生子女具有同样的法律地位，享有同等继承权。需要注意的是，养子女与养父母的关系确立之后，与生父母以及其他亲属间的权利义务关系就消除了，无权再继承生父母的遗产。当然，如果被领养的子女与生父母仍保持往来，在生活上给予生父母照顾、经济上给予帮助的，虽然不能以法定继承人的身份继承生父母的遗产，但根据《民法典》第一千一百三十一条的规定，也可以分得适当的遗产。

《民法典》

第一千零七十一条 非婚生子女享有与婚生子女同等的权利，任何组织或者个人不得加以危害和歧视。

不直接抚养非婚生子女的生父或者生母，应当负担未成年子女或者不能独立生活的成年子女的抚养费。

第一千一百一十一条 自收养关系成立之日起，养父母与养子女间的权利义务关系，适用本法关于父母子女关系的规定；养子女与养父母的近亲属间的权利义务关系，适用本法关于子女与父母的近亲属关系的规定。

养子女与生父母以及其他近亲属间的权利义务关系，因收养关系的成立而消除。

第一千一百三十一条　对继承人以外的依靠被继承人扶养的人，或者继承人以外的对被继承人扶养较多的人，可以分给适当的遗产。

继子女能否继承继父母的遗产，关键在于他们之间是否形成了扶养关系。典型的情形有：子女尚未成年，由母亲抚养，后来母亲再婚，该子女从此接受母亲和继父的抚养教育，这种情形中该子女便与继父形成了扶养关系。一般认为，继父母与继子女之间是否形成了扶养关系，可以从几个方面来判断：（1）继父母对未成年的继子女履行了抚养义务，包括继子女受继父母经济上的供养，或者生活上的抚养教育；（2）继父母对不能独立生活的成年继子女履行了扶养义务；（3）继子女对继父母履行了赡养义务。需要注意的是，继子女的生父、生母再婚时，如果继子女已经长大成人，分居另过的；或者未成年继子女的生父、生母再婚后，继子女未与继父或继母共同生活，而是由其他亲属抚养教育成人，且继子女对继父或继母未尽过赡养扶助义务的，不能视为继子女与继父母之间形成了扶养关系[1]。

关于继子女的继承权还需要说明的是，依照《最高人民法

① 倪金龙. 农村婚姻家庭纠纷审理指引 [M]. 北京：人民法院出版社，2014：300.

院关于适用〈中华人民共和国民法典〉继承编的解释（一）》
（以下简称《〈民法典〉继承编司法解释（一）》）第十一条，
继子女继承了继父母的遗产的，并不影响其继承生父母的遗产。
同样，继父母继承了继子女遗产的，也不影响其继承生子女的
遗产。

（三）父母

与子女相对应，父母对子女的遗产也有继承的权利，这里的
父母包括生父母、养父母和有扶养关系的继父母。

（四）继承顺序

第一顺序继承人是配偶、子女、父母，第二顺序继承人是兄
弟姐妹、祖父母、外祖父母。

所谓继承顺序，是指继承开始后，各个法定继承人继承遗产
的先后次序。继承开始后，先由第一顺序继承人继承，没有第一
顺序继承人继承或者第一顺序继承人全部放弃或丧失继承权的，
第二顺序继承人才能继承。

关于丧失继承权的情形，《民法典》第一千一百二十五条有
明确规定：

《民法典》

第一千一百二十五条　继承人有下列行为之一的，丧失继
承权：

（一）故意杀害被继承人；

（二）为争夺遗产而杀害其他继承人；

（三）遗弃被继承人，或者虐待被继承人情节严重；

（四）伪造、篡改、隐匿或者销毁遗嘱，情节严重；

（五）以欺诈、胁迫手段迫使或者妨碍被继承人设立、变更或者撤回遗嘱，情节严重。

继承人有前款第三项至第五项行为，确有悔改表现，被继承人表示宽恕或者事后在遗嘱中将其列为继承人的，该继承人不丧失继承权。

受遗赠人有本条第一款规定行为的，丧失受遗赠权。

三、代位继承

案例 4.1.1 中，金先生先于其母亲去世，对于金先生的母亲而言，她身故后的第一顺序继承人（配偶、子女、父母）仅剩大儿子一人，那么，她的遗产是否应该全部由大儿子继承呢？这里就会涉及代位继承的问题。金先生虽然已经身故了，但金先生还有一儿一女，本应由金先生继承的份额，此时应当由金先生的子女代替金先生来继承，这就是法律上所说的代位继承。

《民法典》

第一千一百二十八条　被继承人的子女先于被继承人死亡的，由被继承人的子女的直系晚辈血亲代位继承。

被继承人的兄弟姐妹先于被继承人死亡的，由被继承人的兄弟姐妹的子女代位继承。

代位继承人一般只能继承被代位继承人有权继承的遗产份额。

（一）代位继承人继承的遗产份额

代位继承人继承的遗产份额，只能是被代位继承人有权继承的那部分遗产。

我们假设金先生的母亲的遗产总额是"1"，金先生和金先生的哥哥作为第一顺序继承人，每人有权继承的份额是1/2。由于金先生先于母亲身故，其遗产应当由子女代位继承，他的一儿一女作为代位继承人，只能继承属于金先生的这1/2的份额。

（二）侄子女、外甥子女的继承权

《民法典》新增了侄子女和外甥子女的代位继承权。《民法典》刚颁布时，网络上有人说："侄子女、外甥子女也有权继承我们的财产了！"几位客户特意打电话问我这到底是怎么回事，担心会影响到亲生子女的继承权。

其实，《民法典》中侄子女和外甥子女的继承权，仅是代位继承的权利而已，并不是说他们具有了与亲生子女同等的继承权。

比如，丁老先生年事已高，老伴儿不在了，唯一的儿子几年前也因病过世，没有留下后代。丁老先生的姐姐也已离世，姐姐有个儿子，平时对丁老先生照顾有加。对于丁老先生而言，若他身故，其第一顺序继承人（配偶、子女、父母）都不在了，第二顺序继承人（兄弟姐妹、祖父母、外祖父母）也不在了，他的财产该由谁继承呢？按照《民法典》的规定，就应当由他姐姐的儿子，即他的外甥来继承。

四、继承情况分析

了解了法定继承中继承人范围、继承顺序以及代位继承的规定，我们就可以对案例 4.1.1 中的继承情况进行如下分析：

第一步：从夫妻共同财产中分出属于金先生所有的部分。

金先生夫妇名下各项财产属于夫妻共同财产，金先生身故后，按《民法典》第一千一百五十三条第一款的规定，夫妻共同财产的一半归尚未身故的配偶所有，其余的为被继承人的遗产。假设金先生夫妇的家庭财产总额为 1，金先生所有的部分就是这份财产总额的 1/2。

第二步：分析第一顺序继承人应继承的份额。

金先生身故时共有四位第一顺序继承人：金太太（配偶）、一儿一女（子女）、金先生的母亲（父母），每人有权继承的份额为 1/8（1/2÷4）。

第三步：金先生的母亲身故后，新的继承关系出现。

作为金先生的遗产的房产还未分割，金先生的母亲就身故了。此时，金先生的母亲从金先生处继承来的 1/8 遗产份额，就转给她的两个继承人来继承，即金先生和金先生的哥哥每人继承

1/16（1/8÷2）[1]。

第四步：金先生先于母亲去世，其应继承的份额发生代位继承。

本应由金先生继承的这 1/16，将由他的一儿一女代位继承，每个孩子获得 1/32（1/16÷2）。

第五步：梳理各继承人有权继承的遗产份额。

金太太：1/2 + 1/8 = 20/32

金先生的儿子：1/8 + 1/32 = 5/32

金先生的女儿：1/8 + 1/32 = 5/32

金先生的哥哥：1/16，即 2/32

需要注意的是，这里分析的仅仅是金先生的母亲从金先生处继承来的那一部分财产的继承问题，如果金先生的母亲还有其他遗产，也应当按照上面的第三步和第四步的继承原则进行遗产分配。

五、遗产分割的原则

继承开始和遗产分割是两个概念。在案例 4.1.1 中，金先

[1]《民法典》第一千一百五十二条："继承开始后，继承人于遗产分割前死亡，并没有放弃继承的，该继承人应当继承的遗产转给其继承人，但是遗嘱另有安排的除外。"

生身故后，继承便开始了，但可能要在几年后，各继承人才对金先生的遗产进行实际分割，具体分割的时间由各继承人协商确定。

继承人分割遗产时要遵循物尽其用的原则。假设案例 4.1.1 中金先生和金太太的多处共同房产中有一处是厂房，该厂房一直由金太太实际使用经营。现在因金先生身故，该厂房中属于金先生的份额成了遗产，如前文分析，金先生的哥哥因转继承而享有了该厂房 2/32 的份额，金太太享有 20/32 的份额，两位子女各享有 5/32 的份额。如果要对该厂房进行继承分割，那么无论是变卖后分割房款，还是保持厂房产权归各继承人共有，由实际使用的继承人（金太太）支付租金，抑或是由实际使用的继承人（金太太）取得厂房全部所有权，再将折价款按照继承份额支付给其他继承人，都应本着不损害遗产效用的原则，由全体继承人共同协商后再做遗产分割。

《民法典》

第一千一百五十三条 夫妻共同所有的财产，除有约定的外，遗产分割时，应当先将共同所有的财产的一半分出为配偶所有，其余的为被继承人的遗产。

遗产在家庭共有财产之中的，遗产分割时，应当先分出他人的财产。

第一千一百五十六条 遗产分割应当有利于生产和生活需要，不损害遗产的效用。

不宜分割的遗产，可以采取折价、适当补偿或者共有等方法处理。

除物尽其用原则外，《民法典》关于遗产分割的规定还体现了继承份额均等、权利义务相一致等原则。

《民法典》

第一千一百三十条　同一顺序继承人继承遗产的份额，一般应当均等。

对生活有特殊困难又缺乏劳动能力的继承人，分配遗产时，应当予以照顾。

对被继承人尽了主要扶养义务或者与被继承人共同生活的继承人，分配遗产时，可以多分。

有扶养能力和有扶养条件的继承人，不尽扶养义务的，分配遗产时，应当不分或者少分。

继承人协商同意的，也可以不均等。

若各继承人在分割遗产时协商不成诉至法院，法院会依据以上原则进行判决。

六、被分割的遗产应清偿被继承人的税款和债务

遗产是被继承人财产权利和财产义务的统一体。根据权利义

务相一致原则，继承人接受继承，应当同时接受被继承人的财产权利和财产义务，不能仅继承财产权利而不继承财产义务。

如果被继承人生前尚有依法应当缴纳的税款和债务没有清偿，继承人继承遗产的，应当清偿前述税款和债务。当然，这项清偿义务仅以继承人所得遗产实际价值为限，对于超过遗产实际价值的债务，继承人在法律上并无清偿义务。

《民法典》

第一千一百五十九条　分割遗产，应当清偿被继承人依法应当缴纳的税款和债务；但是，应当为缺乏劳动能力又没有生活来源的继承人保留必要的遗产。

第一千一百六十一条　继承人以所得遗产实际价值为限清偿被继承人依法应当缴纳的税款和债务。超过遗产实际价值部分，继承人自愿偿还的不在此限。

继承人放弃继承的，对被继承人依法应当缴纳的税款和债务可以不负清偿责任。

我们可以通过下面这个案例来加深理解。

案例 4.1.2

2020 年 12 月，刘某 1 去世，去世前未立有遗嘱。方某是刘某 1 之妻，刘某 2、刘某 3 是刘某 1 与方某之子女；刘某 4 系刘某 1 与案外人的非婚生女，魏某是刘某 1 之母。综上，刘某 1 共有五位继承人，这五位继承人各继承了一定的财产份额。

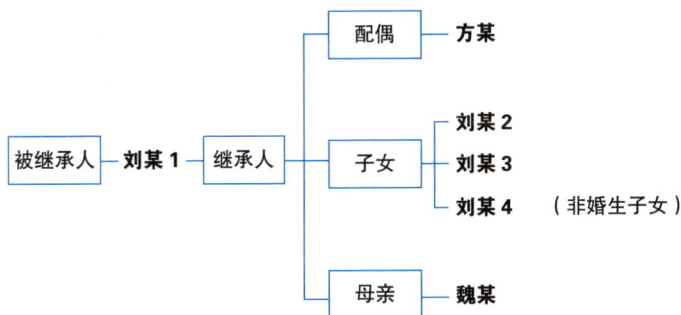

刘某 1 的五位继承人

　　出借人包某与借款人刘某 1 之间存在借贷关系，刘某 1 身故时尚有借款本息未还。包某以方某等五人为被告起诉至法院，要求各被告用从刘某 1 处继承的遗产来偿还借款本息。

　　一审法院结合双方提交的证据，确认包某与刘某 1 之间存在 45 万元的民间借贷法律关系，除刘某 1 生前已偿还的部分之外，剩余借款本金为 12 万元。案涉借款合同成立时的一年期贷款市场报价利率四倍为 16.8%，双方借条中约定的逾期利率超出了法律规定的范围，应以年利率 16.8% 来确定逾期利息。

　　本案中，刘某 1 在去世前尚欠包某的借款本息，方某等五人作为刘某 1 的第一顺序继承人在享有继承权的同时，也有以所得遗产实际价值为限，清偿被继承人刘某 1 债务的义务。

　　一审法院判决如下：

　　（1）方某、刘某 2、刘某 3、刘某 4、魏某，于判决生效之日起十日内，在继承刘某1遗产范围内，向包某偿还2020年9月10日之前的逾期利息58063.57元；

（2）方某、刘某2、刘某3、刘某4、魏某，于判决生效之日起十日内，在继承刘某1遗产范围内，向包某偿还剩余借款本金12万元及逾期利息（以12万元为基数，按照年利率16.8%的标准，自2020年9月11日起计算至实际清偿之日止）；

（3）驳回包某的其他诉讼请求。

包某不服一审法院判决，提起上诉，二审法院经审理后，维持一审法院的判决。

▶ 本节复盘

1.我国《民法典》规定的继承人包括哪些？如何理解第一顺序继承人和第二顺序继承人？

2.代位继承是什么意思？如何理解侄子女和外甥子女的继承权？

3.如果被继承人生前有债务未偿还，继承人是否应当全额清偿这些债务？

第二节　遗嘱——按意愿传承财富的法律工具

遗嘱是财富传承中人们最常用到的法律工具。每个人都有权通过遗嘱的形式，对自己的个人合法财产作出传承安排。

遗嘱继承是与法定继承相对应的继承方式。被继承人生前立好遗嘱，继承开始后，继承人按照被继承人所立的合法有效的遗嘱继承相关遗产。在遗嘱继承方式下，谁有权继承遗产、遗产的分配原则、分配方式等内容都取决于遗嘱人的个人意愿，因此遗嘱继承又被称为"指定继承"。

遗嘱继承优先于法定继承。在同一被继承人的同一遗产的继承问题上，《民法典》第一千一百二十三条规定："继承开始后，按照法定继承办理；有遗嘱的，按照遗嘱继承或者遗赠办理；有遗赠扶养协议的，按照协议办理。"

总之，遗嘱是遗嘱人意愿的体现，合法有效的遗嘱可以排除法定继承程序，从而实现按自己的心愿传承财产的愿望。

一、遗嘱有哪些形式

遗嘱的形式并不是我们可以随意决定的，必须符合法律规定，不符合法律规定的遗嘱不具有遗嘱继承的效力。

我国《民法典》规定的遗嘱形式有：自书遗嘱、代书遗嘱、打印遗嘱、录音录像遗嘱、口头遗嘱以及公证遗嘱，共六种形式。

（一）自书遗嘱

顾名思义，自书遗嘱就是自己书写的遗嘱。

《民法典》

第一千一百三十四条　自书遗嘱由遗嘱人亲笔书写，签名，注明年、月、日。

一份有效的自书遗嘱应当符合以下几个条件：

1. 自书遗嘱的全部内容均由遗嘱人亲笔书写

不能打印，不能由他人代笔。遗嘱从头至尾，从内容到落款和日期，都需要遗嘱人亲笔书写。

2. 自书遗嘱应由遗嘱人亲笔签名

注意，这里的签名应当是身份证、户口簿上登记的姓名，不能是艺名、笔名等。需要亲笔签名，不能仅仅加盖签名章或者捺手印。

3. 自书遗嘱应当明确注明年、月、日

（1）遗嘱人立遗嘱时必须具备完全民事行为能力，能够对立遗嘱的行为有明确清晰的认知，以确保所立遗嘱符合自己的真实意愿。

《〈民法典〉继承编司法解释（一）》

第二十八条　遗嘱人立遗嘱时必须具有完全民事行为能力。无民事行为能力人或者限制民事行为能力人所立的遗嘱，即使其本人后来具有完全民事行为能力，仍属无效遗嘱。遗嘱人立遗嘱时具有完全民事行为能力，后来成为无民事行为能力人或者限制民事行为能力人的，不影响遗嘱的效力。

（2）年、月、日，三要素均要齐全。遗嘱落款中必须具体写明年、月、日，当继承人因为遗嘱人立遗嘱时的精神状况产生争议时，遗嘱上载明的"年、月、日"信息可以方便查明遗嘱人当时的身体及精神状况。此外，当有多份遗嘱并存，且内容有冲突时，应以最后一份遗嘱为准。遗嘱中载明具体的"年、月、日"，对于确定各份遗嘱的先后顺序，以及判断哪一份是最终的遗嘱，有重要作用。

（二）代书遗嘱

代书，即他人代为书写。代书遗嘱，即遗嘱的内容由遗嘱人口述，文字则由他人代为书写的一种遗嘱形式。

《民法典》

第一千一百三十五条　代书遗嘱应当有两个以上见证人在场见证，由其中一人代书，并由遗嘱人、代书人和其他见证人签名，注明年、月、日。

关于代书遗嘱，需要注意的是：

1. 代书遗嘱应当有两个以上见证人在场见证

代书遗嘱为什么需要两个以上见证人呢？遗嘱关乎遗嘱人财富传承的意愿能否实现。遗嘱人因为不能书写或不会书写等原因无法亲自书写遗嘱，而由他人代为书写，为防止代书人写的内容与遗嘱人表达的意思不一致，所以除代书人之外，至少还需要一人帮忙见证把关，以确保遗嘱内容是遗嘱人的真实意思表达。

需要说明的是，代书人本身也属于见证人，身兼二职。

2. 不是任何人都能担任遗嘱的见证人

例如，遗嘱人的子女、配偶等继承人不能担任见证人，因为遗嘱的内容与其有直接利害关系；未成年人、有精神障碍不能辨别自己行为的成年人，也不能担任见证人；与继承人、受遗赠人有利害关系的人，如他们的债权人、债务人、共同经营的合伙人，也不能担任代书遗嘱的见证人。

《民法典》

第一千一百四十条　下列人员不能作为遗嘱见证人：

（一）无民事行为能力人、限制民事行为能力人以及其他不具有见证能力的人；

（二）继承人、受遗赠人；

（三）与继承人、受遗赠人有利害关系的人。

《〈民法典〉继承编司法解释（一）》

第二十四条　继承人、受遗赠人的债权人、债务人，共同经营的合伙人，也应当视为与继承人、受遗赠人有利害关系，不能作为遗嘱的见证人。

为了确保代书遗嘱的有效性，建议仔细甄别并邀请确实无利害关系的人来担任见证人，常见的如居委会的工作人员、律师等。

3.订立代书遗嘱的过程中，遗嘱人口述、代书人代书以及见证人见证的行为，应当具有时空一致性

订立代书遗嘱的标准过程应当是：遗嘱人口述，代书人当场根据遗嘱人口述的内容书写，其他见证人全程在场监督见证，以确保代书人书写的内容与遗嘱人表达的意愿相一致。代书人书写完毕后，将遗嘱内容读给遗嘱人听，或者将遗嘱交由遗嘱人亲自查阅，遗嘱人确认无误后，遗嘱人、代书人、见证人均在遗嘱上签名，并都注明年、月、日。以上整个过程在时间上是同步的，在空间上是一致的，大家同时全程参与，不能事后另行找人在遗嘱上以见证人的身份签字[1]。

（三）打印遗嘱

打印遗嘱是我国《民法典》顺应时代需求新增加的遗嘱形

---

[1] 最高人民法院民法典贯彻实施工作领导小组. 中华人民共和国民法典婚姻家庭编继承编理解与适用 [M]. 北京：人民法院出版社，2020：566-567.

式。所谓打印遗嘱，是指先用电脑将遗嘱内容书写完整，然后用打印机将书写好的遗嘱打印出来的遗嘱[1]。

打印遗嘱也需要有两个以上见证人在场见证，见证人应当全程参与订立遗嘱的过程，见证遗嘱的全套制作程序。

打印遗嘱有多页的，遗嘱人和见证人不能仅在最后一页签名，而应当在遗嘱的每一页上签名，并注明年、月、日。

《民法典》

第一千一百三十六条　打印遗嘱应当有两个以上见证人在场见证。遗嘱人和见证人应当在遗嘱每一页签名，注明年、月、日。

（四）录音录像遗嘱

已废止的《继承法》仅规定了录音遗嘱，《民法典》除录音遗嘱外，还增加规定了录像形式。

《民法典》

第一千一百三十七条　以录音录像形式立的遗嘱，应当有两个以上见证人在场见证。遗嘱人和见证人应当在录音录像中记录其姓名或者肖像，以及年、月、日。

---

[1] 最高人民法院民法典贯彻实施工作领导小组. 中华人民共和国民法典婚姻家庭编继承编理解与适用 [M]. 北京：人民法院出版社，2020：570.

关于录音录像遗嘱，需要说明的是：

1. 录音录像遗嘱，同样需要至少两个以上见证人在场见证

关于见证人资格的问题，可参看前文代书遗嘱处的说明，此不赘述。

2. 遗嘱人和见证人都应当在录音录像中记录其姓名或肖像，以及年、月、日

如果只有遗嘱人或者只有见证人在遗嘱中记录了姓名或肖像，这样的录音录像遗嘱是不符合法律规定的，遗嘱人和见证人必须都在录音录像中记录其姓名或肖像。

记录姓名时，遗嘱人和见证人应当清晰地说出自己的姓名，最好也要念出身份证号码，以便确认遗嘱人和见证人的身份。

遗嘱人和见证人均应当记录订立遗嘱时的年、月、日三要素。

在录音录像遗嘱的制作上，建议一镜到底，从开始订立遗嘱就打开录音录像设备，全程不关机、不暂停，直到遗嘱订立完毕为止。

（五）口头遗嘱

口头遗嘱，即遗嘱人用口述方式表达其身后财产安排的意愿。口头遗嘱这种形式，只能在危急情况下使用。比如，遗嘱人马上要进抢救室了，或者在突发意外事故受伤的情况下，抑或者遗嘱人感觉自己生命垂危时，可以使用口述方式表达自己对财产安排的意愿。危急情况消除后，遗嘱人能够用书面或录音录像形式立遗嘱的，之前所立的口头遗嘱便无效了。

《民法典》

第一千一百三十八条　遗嘱人在危急情况下，可以立口头遗嘱。口头遗嘱应当有两个以上见证人在场见证。危急情况消除后，遗嘱人能够以书面或者录音录像形式立遗嘱的，所立的口头遗嘱无效。

注意，虽然是在危急情况下才能使用口头遗嘱这种形式，但是法律同样要求必须有两个以上见证人在场见证。如果只有一个见证人，是不符合法律规定的。同样，如果见证人的资格不符合法律规定，即便人数符合，口头遗嘱也是无效的。

法律之所以这样规定，是为了确保遗产继承的结果最大限度地符合遗嘱人的意愿或利益，毕竟口头形式的遗嘱，内容往往不易确定，而且容易被误解、曲解，甚至被篡改。因此，实务中法院对口头遗嘱的认定往往是非常严格的。

（六）公证遗嘱

公证遗嘱是遗嘱人经公证机构办理的遗嘱。在我国，办理公证事宜的机构便是各个公证处。

《遗嘱公证细则》第三条规定："遗嘱公证是公证处按照法定程序证明遗嘱人设立遗嘱行为真实、合法的活动。经公证证明的遗嘱为公证遗嘱。"

在做法商培训或讲座时，谈及订立遗嘱，我会建议大家最好咨询律师等专业人士或至公证处订立遗嘱。遗嘱听起来简单，但其内容和形式均须符合法律的相关规定，否则极易导致遗嘱部分或全部无效，致使自己通过遗嘱安排财富传承的愿望落空。遗嘱公证是公证处的一项常规业务，其流程已经较为规范和成熟，能够最大限度地确保遗嘱的内容及形式符合法律规定。

二、多份遗嘱内容相冲突，以哪份为准

遗嘱是遗嘱人财富传承意愿的体现，但意愿并不是一成不变的。比如，现在立了遗嘱（假设是公证遗嘱），想把某套房产留给儿子，过几年想法变了，想把这套房产留给女儿，于是在律师的见证下又重新立了份遗嘱，若未来想法又有变化，还可以再立遗嘱。这就出现了前后几份遗嘱内容相冲突的情况，那么，此时应该以哪份遗嘱为准？是以遗嘱的形式而定，还是以立遗嘱的时间而定？

我国《民法典》第一千一百四十二条第三款规定："立有数份遗嘱，内容相抵触的，以最后的遗嘱为准。"可见，内容相抵触的遗嘱，其效力是以时间而定的。

《民法典》的这一规定与已废止的《继承法》第二十条第二款相比有重大变化——存在多份遗嘱时，公证遗嘱不再具有优先效力，无论是自书遗嘱、代书遗嘱、录音录像遗嘱、打印遗嘱、口头遗嘱还是公证遗嘱，在内容相抵触的情况下，其效力层级与遗嘱的形式无关，而以立遗嘱的时间为准。因为最后立的那份遗嘱才能体现遗嘱人最新的传承意愿。

当然，这并不是说公证遗嘱就没有优势了。实际上，每种

形式的遗嘱都各有其优点和不足。比如，自书遗嘱的优点是非常方便，遗嘱人提笔就可以写遗嘱，不用找见证人，也不用跑公证处；缺点是未经他人见证和专业人士指导，所立的遗嘱内容或形式极易不符合法律规定，导致遗嘱的效力受到质疑，反而引发纠纷。公证遗嘱虽然不再具有效力上的优先性，但它是公证处作为专业机构参与订立的，流程规范、严谨，遗嘱的内容能最大限度地符合法律的规定，优势还是非常突出的。

三、遗嘱继承人可凭遗嘱单独办理继承手续吗

案例 4.2.1

孙总与爱人育有三个子女，妻子于五年前因病身故后，孙总一直没有再婚。在此期间，为了便于孙总管理他和妻子的房产、公司股权等各项夫妻共同财产，孙总的三个子女①就成为妻子遗产的那部分财产，同意放弃继承并配合办理了相关手续，财产均转移至孙总名下。

目前，孙总的父母健在，由孙总照顾。三个子女中，大儿子计划接孙总的班，大女儿与女婿都是大型公司的高管，收入颇丰，唯独性格柔弱、收入平平的小女儿小静最让孙总惦记。

经考虑，孙总决定将他在某银行的 800 万元存款留给小女儿

---

① 孙总妻子的父母已故，其第一顺序法定继承人（配偶、子女、父母）便是孙总及三个子女。

小静，于是到公证处办理了公证遗嘱，在遗嘱中明确写明将来由小女儿小静单独继承这笔存款。

那么，在孙总百年之后，小静作为遗嘱继承人是否可以凭这份公证遗嘱直接到银行办理取款手续？若不能，那她如何才能继承这笔遗产？

先说结论，小静不能仅凭公证遗嘱便要求银行将该笔存款支取给她。

原因在于，遗嘱是遗嘱人处分自己财产的意愿的体现，但人生很长，财产在变化，意愿也在变化，遗嘱人可以根据不同时期的意愿对个人财产的继承问题作出安排。也就是说，每个人都可以立多份遗嘱，哪怕是针对同一财产已经立了遗嘱，若意愿变了，也可以订立新的遗嘱重新安排。如前文所述，立有数份遗嘱，内容相抵触的，以最后的遗嘱为准。银行作为一家独立的经营机构，无法辨别小静手上的遗嘱是否唯一，或者是否是孙总的最后一份遗嘱，为了避免其他人也持遗嘱要求取款的风险，银行会告知小静应先去办理继承公证，证明她对这 800 万元享有继承权。

《中国人民银行关于执行〈储蓄管理条例〉的若干规定》（银发〔1993〕7 号）

第四十条　储蓄存款的所有权发生争议，涉及办理过户或支付手续，应慎重处理。

（一）存款人死亡后，合法继承人为证明自己的身份和有权提取该项存款，应向储蓄机构所在地的公证处（未设公证处的地方向县、市人民法院——下同）申请办理继承权证明书，储蓄机构凭以办理过户或支付手续。该项存款的继承权发生争执时，由人民法院判处。储蓄机构凭人民法院的判决书、裁定书或调解书办理过户或支付手续。

根据中国银保监会办公厅、中国人民银行办公厅发布的《关于简化提取已故存款人小额存款相关事宜的通知》（银保监办发〔2021〕18号）第二条的规定，如果已故存款人在同一法人银行业金融机构的账户余额合计不超过1万元人民币（或等值外币，不含未结利息），第一顺序继承人、公证遗嘱指定的继承人或受遗赠人无须办理继承公证，可直接向银行申请办理提取业务。该通知出台的目的在于解决小额存款的继承问题，避免继承人承担不合理的时间成本和公证费用支出。银行业金融机构可以在1万元人民币基础上上调限额，但最高不超过5万元人民币（或等值外币，不含未结利息）。

为核实小静所持遗嘱的真实性和唯一性，公证处会要求小静提交相关材料，并约齐孙总的其他继承人——第一顺序继承人为配偶、子女、父母，案例中除小静外，其他继承人包括孙总的父母、孙总的大儿子和大女儿。公证处经向其他继承人核实，确认无其他遗嘱，且各继承人对小静所持遗嘱无异议，才会出具继承权公证书，小静凭借这份公证书才能到银行办理存款过户手续。

万一哪位继承人认为孙总偏心，或者认为遗嘱是小静伪造的，于是明确表态不认可小静手上这份遗嘱，那么公证处便不会出具继承权公证书。就算小静努力沟通协商，只要其他继承人不配合，继承公证程序就走不通。此时小静想完成继承，只能诉至法院，要求法院确认其继承权。在其他继承人没有证据推翻小静那份公证遗嘱的情况下，法院会判决小静作为遗嘱继承人享有案涉 800 万元的继承权。判决生效后，小静可持生效判决书前往银行办理存款过户手续。

综上，即便有遗嘱，遗嘱继承人也不能不经其他继承人的配合或同意而单独办理相关遗产的继承手续。可以说，遗嘱作为一种财富传承的法律工具，主要解决的是财产最终留给谁的问题，而无法避免继承过程中的烦琐手续和可能产生的纠纷。换句话说，遗嘱管得了结果，却管不了过程。

四、什么是继承公证

继承公证，是指公证机构根据继承人的申请，依照法定程序对继承人享有相关继承权的真实性、合法性予以证明的活动。

前文在分析遗嘱形式时提到了"公证遗嘱"，此处又提到"继承公证"，可能有人会混淆这两个概念，其实它们是两码事。

在案例 4.2.1 中，孙总担心自己写的遗嘱不符合法律规定，于是选择到公证处办理公证遗嘱。孙总百年之后，小女儿小静需要拿着父亲留给她的这份遗嘱到公证处，让公证处证明自己对父亲存储在某银行的 800 万元享有继承权。公证处接受小静的申请，审查小静提交的相关资料，对小静享有继承权这一事实依法进行确认并证明的活动，就叫继承公证。

所以，公证遗嘱是遗嘱的一种形式，而继承公证则是确认继承权的一种证明活动。

（一）继承公证的办理以全体继承人的配合及同意为前提

继承公证是经当事人申请，公证处依法确认相关继承人继承权的活动。公证处在审查确认继承权的过程中，有的继承人或相关利害关系人不予配合，导致审查活动无法进行；继承人之间对遗嘱的效力、对某项财产是否属于遗产本身有争议；法定继承中有继承人不提出继承公证申请，也不作出放弃继承表示；等等。诸如此类的情形都说明各继承人未对继承公证达成一致意见，因此，公证处也就无法出具公证书。

（二）继承公证需要提交的材料

继承人提起继承公证申请，目的在于希望公证处就其享有继承权的事实进行证明，进而出具公证书；公证处的责任是经严格审查后，对真实、合法的事项出具公证书。因此，公证处会要求当事人提交相关材料供其审查，以确认待公证事项的真实性、合法性。

继承公证中，继承人需要提交的材料主要包括：死亡证明（谁身故了）、财产信息（包括哪些遗产）、身份证件与亲属关系证明（谁是继承人）、遗嘱原件（有没有遗嘱）等。此外，如果继承人已经身故，发生代位继承，代位继承人需要提供继承人的死亡证明、身份证件、亲属关系证明等。如果继承人中有放弃继承的，还应提供放弃继承的声明书。

各地办理继承公证所提供的材料各有不同，办理时要以案件具体情况及公证员的要求为准。

▶ 本节复盘

1.我国《民法典》规定的遗嘱形式有哪些？如果打算订立遗嘱，你会选择何种形式的遗嘱？

2.可以立多份遗嘱吗？如果多份遗嘱内容相冲突，以哪份为准？

3.结合本书其他章节内容，请思考：如果想把某套房产只留给己方子女，而不希望该房产成为其夫妻共同财产，立遗嘱时应当如何体现这个意愿？

第三节　借助保单可实现财富的高效定向传承

面对财富的多元性、传承问题的复杂性及传承工具的专业性，高净值人群对财富传承规划、企业顶层设计以及包括大额保单、家族信托、保险金信托在内的传承工具的需求与日俱增。

2021 年 10 月 21 日，中国银行业协会周更强副秘书长在金融街论坛上发布的《中国私人银行发展报告（2021）暨中国私人银行公益慈善白皮书》（以下简称《报告》）显示，第一代创富者是高净值人群的主力军，但这类人群呈现出占比逐年下降的发展趋势，家族代际传承正在加速进行。

大额保单、家族信托、慈善信托等跨越代际的家族财富传承工具，既可助力家族财富的合理配置、保值增值，又能推动家族财富实现有序传承。《报告》显示，大额保单是高净值人群最常用的财富传承工具之一，11.83% 的高净值人群配置了大额保单。随着中国保险市场产品日趋丰富，投保越发便利，超过九成的高净值人群将保单配置在中国境内。

大额保单作为家庭资产配置中的稳健资产之一，除具备强制储蓄、稳健增值、身价保障、养老规划等功能外，在财富传承功能上也具有非常突出的优势。本节，我将对大额保单的传承功能、保单架构以及保险金信托业务进行分析。

一、大额保单的传承功能

人身保险之所以具备财富传承的功能，是基于保险合同的特殊性。

含身故责任的保险如寿险、年金险、意外险等，可以指定身故受益人。身故受益人享有保险金的请求权，即当被保险人身故时，受益人有权要求保险公司给付保险金。这种情况下，受益人因被保险人身故而获得保险金，适用的不是遗产继承规定，而是保险合同规则，这就排除了法律上关于继承人范围、遗产分配、遗产须用于偿还被继承人生前债务等规定的适用，也可规避遗嘱无效导致传承意愿落空的风险。与烦琐的法定继承手续相比，保险金的申领程序具有简约、便利的优点。

大额保单所具备的这种按意愿传承财富的功能，使得越来越多的客户，尤其是高净值人士，开始选择将大额保单作为其家庭的稳健资产，利用保单做现金类资产的传承规划。

（一）利用保险的杠杆作用，增加传承的财富

购买意外险、寿险、年金险等含身故责任的保险时，投保人支付保费，被保险人身故时，由保险公司依约向受益人给付身故保险金。在这个过程中，从投保人到受益人，资金以保费的形式交进去，以身故保险金的形式领出来，实现了资金的流转或传承。

大家常说的保险的杠杆作用，就是指在这类保险产品中，领取的身故保险金往往大于所交纳的保费，投保人就像借助了一个杠杆，用小额的保费"撬动"了相对大额的保险金。

意外险是体现保险的杠杆作用的典型。意外险保障因意外事故导致的身故或全残，由于其仅保障意外事故，不保因其他原因导致的身故或全残，所以它的保费相对较低。尤其是消费型意外险，一年几百元的保费便可获得几十万元的身故保额，杠杆作用尤为明显。

不过，由于意外险的保障范围很有限，保险责任更广的寿险便成为人们提高身价保障的必要选项。目前，市场上较受欢迎的寿险产品有定期寿险、终身寿险、增额终身寿险等，它们在保障期限、保险金额等方面虽有所不同，但均具备保险的杠杆作用，可以增加传承的财富。

年金险因其收益确定，还可搭配万能账户进一步增加收益，因此在利率不断下行的大环境下受到大家的关注，尤其是保守型的投资者，他们更倾向于选择短期收益虽无明显优势，但安全稳健的年金险，而且从长远来看，其收益增幅也会逐渐提升。此类年金险及万能账户一样可以按意愿指定受益人，累积增长的保单价值，将由受益人最终取得，同样达到了增加传承的财富的效果。

（二）人身保险可按意愿指定或变更受益人，实现财富的定向传承

保险的指定受益人功能，与遗嘱的功能类似。想把自己的财产留给谁，就在遗嘱中写明留给谁；想让谁获得这份大额保单的身故保险金，就将受益人指定为谁。因此，与遗嘱一样，指定了受益人的保险也可以实现按意愿传承财富。

为了充分发挥保险的传承作用，建议大家在投保时明确指定受益人。若受益人不幸先于被保险人身故，建议及时指定新的受益人。如果被保险人身故时无受益人，身故保险金将作为遗产分配给被保险人的各继承人。相对于有明确受益人的情形而言，遗产继承的手续繁杂、流程烦琐，而且极容易引发继承人之间对身故保险金分配的争议。

如果指定受益人时，并没有明确指定谁是受益人，而是在投保界面上勾选了"法定"呢？我们前面说过，这种情况事实上也属于有受益人的情形。只不过受益人不是特定的某个或某几个人，而是被保险人的全体法定继承人。这意味着保险金要在各继承人之间进行分配，需要全体继承人参与，若家庭关系复杂，也容易引发争产纠纷。

总之，能够按照被保险人的意愿指定和变更受益人，是保险传承功能的重要体现。为了充分发挥这一功能，我强烈建议大家关注受益人的指定工作。

（三）保险传承可绕开继承公证，实现私密高效传承

若保单中明确指定了身故受益人，被保险人身故时，受益人单独办理保险金的申领手续即可，不需要通知被保险人的（其他）继承人，也不需要取得他们的同意。这体现了保险传承的私密性，不易引发争产纠纷。同时，因受益人获得身故保险金的依

据是保险合同，而非基于继承关系，所以受益人在向保险公司申领保险金时，只需要提交关于被保险人身故及受益人身份的相关资料即可，不涉及（其他）继承人与被保险人之间的关系证明等材料。也就是说，申领保险金所需的材料要比继承公证所需的材料简单得多。某终身寿险保险合同中关于受益人申领身故保险金时需要提交的材料约定如下。

（1）保险合同；

（2）受益人的有效身份证件；

（3）国家卫生行政部门认定的医疗机构、公安机关或其他相关机构出具的被保险人的死亡证明；

（4）与确认保险事故的性质、原因、伤害程度等有关的其他证明和资料。

某终身寿险合同中关于受益人申领身故保险金时需要提交的材料的约定

此外，由于受益人申领保险金时不需要像继承大额存款一样先办理继承公证手续，所以保险传承还能节省一笔公证费，这可不是一笔小数目。而且，受益人申领保险金所需的材料和要走的流程都比继承程序更简便，所以办理时间也会大大缩短。《保险法》第二十三条还对保险公司给付保险金的时间进行了规定，要求保险公司在收到赔付请求后及时作出核定。这样一来，受益人就能够在被保险人身故后较短时间内拿到保险金，具有很强的时效性。

（四）受益人在婚姻关系存续期间获得的身故保险金，属于其个人财产

《第八次全国法院民事商事审判工作会议（民事部分）纪要》

（二）关于夫妻共同财产认定问题

5.婚姻关系存续期间，夫妻一方作为被保险人依据意外伤害保险合同、健康保险合同获得的具有人身性质的保险金，或者夫妻一方作为受益人依据以死亡为给付条件的人寿保险合同获得的保险金，宜认定为个人财产，但双方另有约定的除外。

父母为自己配置大额保单，一般会指定子女为身故受益人。在作为被保险人的父母百年之后，子女以受益人身份领取的身故保险金属于子女个人，与其配偶无关。关于这一点，在上一章中已简单提及，此处我想强调的是，这种做法体现了投保人、被保险人的传承意愿，也凸显了保险在传承方面所具备的优势——通过对保单架构进行设计，实现财富的定向传承。

需要再次提醒大家的是，受益人最好开立新的银行账户，专门用于身故保险金的领取和保管，避免资金在不同账户之间频繁转进转出，导致无法区分身故保险金是个人财产还是夫妻共同财产。否则，离婚时身故保险金将作为夫妻共同财产被分割。

此外，受益人（子女）取得的身故保险金不属于被保险人（父母）的遗产，可以实现父母对子女"留爱不留债"。就如本章

第一节中所分析的那样，分割遗产需要继承人以所得遗产实际价值为限，清偿被继承人依法应当缴纳的税款和债务。实际生活中，有不少人尤其是创业者或企业主，为了企业的经营发展，常处于负债状态，比如个人借贷用于企业经营，或者企业借贷时以个人名义提供担保等。如果被继承人在这种情况下不幸身故，其名下的存款、房产、公司股权等都会变为遗产，继承人继承后必须先清偿被继承人生前所欠的税款和债务，若有剩余，才能由继承人最终实际取得。现实生活中，"债还了，遗产却没剩下"的情况并不少见。这使得被继承人的家人在承受悲痛之余，可能还要面对经济上的拮据。

为了避免上述这种情况发生，很多家庭支柱选择投保意外险、寿险等人身保险，为自己提供高额的身价保障，并指定子女为身故受益人，确保万一自己身故了，也能够给子女留下一笔不会被归为遗产的大额资金。

需要特别说明的是，通过保险传承财富，明确指定身故受益人很重要，它可以避免因无受益人领取而致使身故保险金作为遗产进入继承程序的情况发生。身故保险金一旦变为被保险人的遗产，同样需要首先用于偿还其生前的税款和债务。

下面，我们就通过两个司法案例，来看看指定受益人与未指定受益人的区别。

案例 4.3.1

林某与 A 银行签订了《个人借款合同》，约定借款 15 万元。

林某的配偶杨某就该笔借款签订《共同还款承诺书》，该债务为林某与杨某的夫妻共同债务。后杨某因道路交通事故死亡，因杨某生前投保了一份人寿保险附加意外险，保险公司共给付身故保险金 892712.09 元，但该份保险未指定受益人。

因债务到期未获清偿，A 银行以林某及杨某父母为被告起诉至法院，要求林某偿还未还的借款本息，要求杨某的父母在继承遗产的范围内承担还款责任。

本案中，林某与 A 银行签订《个人借款合同》时，杨某与林某是夫妻关系，且杨某签订了《共同还款承诺书》，故本案中的债务是夫妻共同债务，杨某是共同债务人。

《保险法》第四十二条规定："被保险人死亡后，有下列情形之一的，保险金作为被保险人的遗产，由保险人依照《中华人民共和国继承法》的规定履行给付保险金的义务：（一）没有指定受益人，或者受益人指定不明无法确定的；（二）受益人先于被保险人死亡，没有其他受益人的；（三）受益人依法丧失受益权或者放弃受益权，没有其他受益人的。受益人与被保险人在同一事件中死亡，且不能确定死亡先后顺序的，推定受益人死亡在先。"

由于杨某生前投保的保险，并未指定受益人，故保险金是作为杨某的遗产，由其法定继承人继承的，其继承人在继承遗产的范围内应与林某共同偿还本案债务。

案例 4.3.2

刘某 1 向蔡某借款 8 万元，后刘某 1 因车祸去世，因刘某 1

在其生前投保的保险合同中将身故受益人填为"法定"，保险公司遂向刘某 1 的法定继承人给付了 121 万元身故保险金，由刘某 1 的子女刘某 2、刘某 3 领取（注：刘某 2、刘某 3 用这笔钱偿还了刘某 1 尚欠的其他债务共 46.5 万元）。

蔡某以刘某 2、刘某 3 为被告起诉至法院，要求二人偿还其父亲刘某 1 所欠的 8 万元债务。

《最高人民法院关于适用〈中华人民共和国保险法〉若干问题的解释（三）》第九条中规定："当事人对保险合同约定的受益人存在争议，除投保人、被保险人在保险合同之外另有约定外，按照以下情形分别处理：（一）受益人约定为'法定'或者'法定继承人'的，以继承法规定的法定继承人为受益人……"①

本案中，刘某 1 购买的保险单中载明"身故保险金受益人：法定 100%"，根据上述法律和司法解释的规定，刘某 1 的法定继承人为受益人，即已指定了受益人；刘某 1 死亡后，保险金不符合上述法律规定的可以作为遗产的情形，故保险公司支付的理赔款不属于刘某 1 的遗产。

———————

① 判决书在此处引用的是 2015 年最高人民法院审判委员会第 1661 次会议通过的文件，2020 年 12 月 23 日，最高人民法院审判委员会第 1823 次会议通过了《最高人民法院关于修改〈最高人民法院关于破产企业国有划拨土地使用权应否列入破产财产等问题的批复〉等二十九件商事类司法解释的决定》，对该文件做了修订。修订后的文件规定："当事人对保险合同约定的受益人存在争议，除投保人、被保险人在保险合同之外另有约定外，按以下情形分别处理：（一）受益人约定为'法定'或者'法定继承人'的，以民法典规定的法定继承人为受益人……"

蔡某一审起诉要求刘某2、刘某3偿还8万元，事实和理由为刘某2、刘某3领取的保险金属于刘某1的遗产，可以用来清偿债务或者赔偿。现查明，刘某2、刘某3领取的保险金不属于刘某1的遗产，蔡某也没有提交证据证明刘某2、刘某3继承了刘某1其他的遗产以及刘某2、刘某3应在其继承的遗产范围内承担清偿责任，故法院对蔡某要求刘某2、刘某3偿还8万元的诉讼请求，不予支持。

（五）领取的保险金可免缴个人所得税

《中华人民共和国个人所得税法》（以下简称《个人所得税法》）第五条规定了免征个人所得税的各项财产，其中包括保险赔款。因此，父母为自己配置大额寿险保单，子女作为身故受益人领取的身故保险金，不属于个人收入的范畴，该笔身故保险金可免缴个人所得税。

二、哪些情形下可以更好地利用大额保单的传承功能

大额保单作为现金类资产的传承工具，它在按意愿传承、传承效率、私密性、专属性、避免争产纠纷以及避免身故保险金变为遗产等方面均具有突出的优势。这些优势可以满足人们不同的传承需求。

那么，哪些情形下可以更好地利用大额保单的传承功能呢？结合个人的工作实践，我总结了最适合借助大额保单实现个性化

传承的四种情形：

（一）家庭关系复杂，不希望自己的财产平分，而是希望根据各继承人的实际情况分配，且能避免引发继承人之间的争产纠纷

例如案例 4.2.1 中的孙总，他的三个子女中，大女儿和大儿子工作好、收入高，只有小女儿的经济条件一般，所以孙总想要多照顾小女儿一些。可是，如果孙总通过立遗嘱特别留给小女儿一套房产或者几百万元存款，将来她凭遗嘱办理继承手续时，需要得到大女儿、大儿子的配合，而且手续繁杂、流程烦琐。万一大女儿和大儿子不配合，小女儿还得通过打官司的方式维护自己的继承权，耗时耗力还破坏亲情。

这种情况下，大额保单就不失为一种合适的传承工具。孙总可以为自己配置一份大额保单，指定小女儿为身故受益人。这样投保的好处是：孙总有生之年作为投保人和被保险人，拥有保单的所有权和控制权，急需资金或者想法改变时可以随时灵活处理；若想法未改变，将来发生保险事故，小女儿可以凭受益人的身份直接到保险公司办理身故保险金的申领手续，无须大女儿和大儿子的同意，流程简单，也避免了子女间不必要的争产纠纷，关键是实现了孙总想在经济上特别照顾小女儿的愿望。

同样的道理，重组家庭、有非婚生子女的家庭，其家庭关系往往更加复杂，可能同时涉及前婚子女、现婚子女、继子女以及非婚生子女等利益不相同的继承人。家庭成员人数多，各继承人之间利益对立、关系不睦……面对这种现状，被继承人如果不提前规划遗产的继承问题，那么留给子女的可能是漫长的争产大战。如果您的家庭关系比较复杂，我建议您最好利用保单进行传承，通过配置多份不同的大额保单，按意愿指定受益人，实现差别传承。

（二）想为子女留下一笔专属于其个人的财产

根据《民法典》第一千零六十二条及第一千零六十三条可知，如果作为父母的被继承人未曾立遗嘱明确表示财产仅由子女个人继承，那么子女在婚姻关系存续期间继承所得的财产，都归夫妻共同所有。怎么确保给子女留下的财产是专属于子女个人的呢？相信你已经知道了，法律工具可选遗嘱，金融工具可选大额保单并指定受益人。

举个例子，吴先生夫妇想将他们的财产留给女儿小吴一人，不留给女婿，他们可以怎么做呢？（1）立遗嘱明确表示相关财产由女儿小吴单独继承，是小吴的个人财产，不作为其夫妻共同财产；（2）吴先生夫妇为自己投保大额保单，指定身故受益人为小吴，将来小吴获得的保险金同样属于其个人财产。需要注意的是，两种情形中，小吴在获得相关财产后，都需要做好个人财产的隔离保护，以防止与夫妻共同财产混同。

（三）自己有债务风险，担心万一身故而致使老无所养、幼无所教

在现代社会，创业融资、买房贷款、急用周转……由此产生的债务随处可见。这无疑给大众带来了一定的压力和风险。对于有债务风险的人来说，一旦自己因病或因意外身故，遗产要优先

用于偿还自己生前所欠的税款和债务，留给家人的财产自然就少了，甚至是零，可能会导致家人老无所养、幼无所教。针对这种情况，作为家庭支柱，投保人可以为自己购买含身故责任的大额保单，指定子女或父母为受益人。将来受益人取得的身故保险金不是被保险人的遗产，可免于清偿被保险人生前的税款和债务，而由受益人实际取得。这笔资金可以帮助家人暂时渡过难关。

之所以建议指定子女或父母为受益人，而不是配偶，是因为如果债务人所负的债务为夫妻共同债务，配偶对该笔债务负有连带清偿责任，那么即便配偶以受益人的身份取得了身故保险金，这笔保险金作为其责任财产，也要用于偿还债务。

（四）想实现对孙子女、外孙子女的隔代传承

例如，王老先生夫妇有一儿一女，孙子小鹏正读高中，成绩优异。由于小鹏是由王老先生夫妇带大的，祖孙之间感情很好。王老先生夫妇除拥有两套房产外，还有大约 200 万元的现金资产，他们打算卖掉一套，将钱储备起来用于养老，同时希望能够留给孙子小鹏一部分财产。此时，王老先生夫妇可通过订立遗嘱，或者通过购买大额寿险或年金险并指定小鹏为受益人的方式，实现这一愿望。

订立遗嘱的方式我们已经说过多次，不再赘述。这里主要说说王老先生夫妇可以采用的投保方案：投保人为王老先生，被保险人为王老先生，受益人为小鹏。

投保人	被保险人	受益人
王老先生	王老先生	小鹏

王老先生夫妇的投保方案

在上述方案中，王老先生作为投保人和被保险人，拥有保单的所有权和控制权；如果多年后王老先生的养老资金不足，或者小鹏大学毕业后的职业发展很好，这份保单的受益权对于小鹏来说并不十分必要的话，王老先生夫妇可将保单变现，补充养老所需；如果王老先生夫妇养老无忧，可保持保单的现状不变。

该保单将随着时间的推移稳健增值，待被保险人王老先生百年之后，孙子小鹏作为受益人可依约获得一笔高额保险金，该笔保险金专属于受益人小鹏，小鹏的父亲和姑姑作为王老先生的继承人无权干涉其领取该笔保险金。

与遗嘱相比，该投保方案可以避免因未及时表示接受遗赠而失去继承权的风险。

这里需要补充说明一个概念：遗赠。

我国《民法典》第一千一百三十三条规定："自然人可以依照本法规定立遗嘱处分个人财产，并可以指定遗嘱执行人。自然人可以立遗嘱将个人财产指定由法定继承人中的一人或者数人继承。自然人可以立遗嘱将个人财产赠与国家、集体或者法定继承人以外的组织、个人。自然人可以依法设立遗嘱信托。"可见，如果立遗嘱将自己的财产留给法定继承人（包括第一顺序继承人和第二顺序继承人）中的一人或数人，这叫遗嘱继承。如果遗嘱的内容是指定由法定继承人以外的人来继承，如孙子女、外孙子女、侄子女、外甥子女、同学、朋友或者国家、集体、基金会等，这叫遗赠。

遗赠，存在接受或放弃受遗赠的问题。我国《民法典》第一千一百二十四条第二款规定："受遗赠人应当在知道受遗赠后六十日内，作出接受或者放弃受遗赠的表示；到期没有表示的，视为放弃受遗赠。"也就是说，遗赠人死亡，意味着继承的开始，这时受遗赠人应当在知道受遗赠后 60 日内向其他继承人明确表示是接受还是放弃受遗赠，如果超过期限没有表示，便会视为放弃受遗赠。在遗产继承纠纷实务中，各当事人常常因为如何界定是否"知道"受遗赠、是否超过了 60 日等问题引发争议，也不乏存在因为没有在 60 日内明确表示接受受遗赠而失去继承权的情形。

前述投保方案中，王老先生指定孙子小鹏为身故受益人，小鹏获得身故保险金的依据是保险合同，而非遗赠，因此不存在遗赠中必须在 60 日内表示接受受遗赠，否则就失去受遗赠权的问题。相较于遗嘱、遗赠，保险传承可以更好地完成被继承人的传承意愿。

三、保险金信托可以使财富传承更加可控

保险金信托以财富的保护、传承和管理为目的，兼具保险与信托的功能优势，是财富管理和传承的重要工具。近年来，保险金信托业务在我国发展迅速，其业务模式和功能也在发展中不断完善。

（一）什么是家族信托

谈保险金信托之前，需要先了解家族信托。因为在我看来，保险金信托其实是一种特殊的家族信托，理解家族信托的原理和法律特征，有助于我们理解保险金信托。

家族信托是信托的一种，那么信托又是什么？字面意思即"信任、托付"，关于信托的定义，《中华人民共和国信托法》（以下简称《信托法》）第二条有规定："本法所称信托，是指委托人基于对受托人的信任，将其财产权委托给受托人，由受托人按委托人的意愿以自己的名义，为受益人的利益或者特定目的，进行管理或者处分的行为。"通俗地说，就是我信任你，我把我的财产委托给你，并告诉你我关于这笔财产的想法；你按照我的意愿，对外以你自己的名义对这笔财产进行管理和处分。

基于《信托法》关于信托的定义，我们知道信托涉及委托人、受托人及受益人三方主体——委托人把财产委托给受托人（一般为信托公司），受托人按照委托人的意愿管理信托财产并向受益人进行分配。

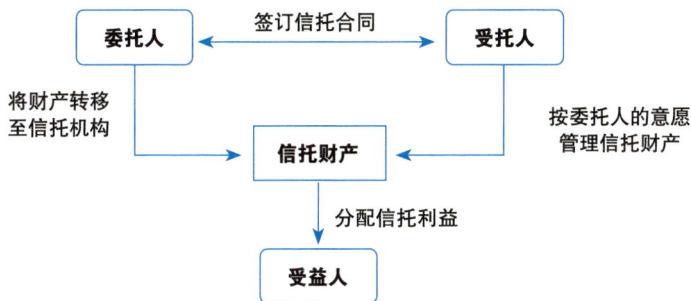

信托结构示意图

我们平时谈的信托，一般指的是理财意义上的信托，其实信托除投融资功能、理财功能外，在家族财富的保护、传承和管理上同样具有突出的优势，主要体现这一功能的信托业务被称为家族信托。

2018 年 8 月 17 日，中国银保监会在其下发的《关于加强规范资产管理业务过渡期内信托监管工作的通知》（信托函〔2018〕37 号）中首次对家族信托进行了定义：

家族信托是指信托公司接受单一个人或者家庭的委托，以家庭财富的保护、传承和管理为主要信托目的，提供财产规划、风险隔离、资产配置、子女教育、家族治理、公益（慈善）事业等定制化事务管理和金融服务的信托业务，家族信托财产金额或价值不低于 1000 万元，受益人应包括委托人在内的家庭成员，但委托人不得为唯一受益人。单纯以追求信托财产保值增值为主要信托目的，具有专户理财性质和资产管理属性的信托业务不属于家族信托。

随着我国高净值人士对财富管理和传承的重视程度不断增加，越来越多的人开始关注和选择家族信托。中国信托登记有限责任公司数据显示，截至 2022 年 1 月，国内家族信托业务总规模已达 3623.8 亿元；仅 6 月份新增家族信托规模达 119.95 亿元，环比增长 63.22%。[1]

下面，我们就来了解一下家族信托的法律特征。

1. 信托财产的独立性

家族信托最重要的法律特征是信托财产的独立性。信托财产的独立性，使得家族信托在风险隔离和财富传承方面具有明显的优势。我在法商课程中常被学员和客户问及的问题是："放到家族信托里的财产到底属于谁？属于委托人还是信托公司？"可以这样说，信托财产既不属于委托人，也不属于信托公司和受益人，它就是它自己，它是一项独立的财产。

我们可以从三个角度来理解家族信托中信托财产的独立性。

（1）信托财产独立于委托人的自有资产。根据《信托法》第十五条的规定，委托人将自己合法拥有的相关财产或财产权委托给受托人后，这笔信托财产便不再属于委托人，无论委托人是欠债、破产，还是身故后进行遗产清算，都不会涉及这部分信托财产[2]。

《信托法》

第十五条 信托财产与委托人未设立信托的其他财产相区别。设立信托后，委托人死亡或者依法解散、被依法撤销、被宣告破产时，委托人是唯一受益人的，信托终止，信托财产作为其

---

[1] 赵心怡. 家族信托大时代来了！[N/OL]. 中国基金报，2022-10-25[2022-11-01]. https://www.chnfund.com/article/AR2022102516105365704823.

[2] 需要注意的是，家族信托中受益人不能仅是委托人一人，若委托人同时是唯一受益人，那么委托人身故后信托终止，信托财产仍会被当作遗产。

遗产或者清算财产；委托人不是唯一受益人的，信托存续，信托财产不作为其遗产或者清算财产；但作为共同受益人的委托人死亡或者依法解散、被依法撤销、被宣告破产时，其信托受益权作为其遗产或者清算财产。

（2）信托财产独立于受托人的固有财产。根据《信托法》第十六条的规定，信托财产独立于受托人本身所有的财产，在受托人是信托公司的情形下，信托财产不属于信托公司，也不会与信托公司的固有财产混同。信托公司必须将信托财产和它的固有财产分别管理、分别记账。当信托公司发生债务甚至破产时，也不能用信托财产去清偿它自身的债务。

《信托法》

第十六条　信托财产与属于受托人所有的财产（以下简称固有财产）相区别，不得归入受托人的固有财产或者成为固有财产的一部分。

受托人死亡或者依法解散、被依法撤销、被宣告破产而终止，信托财产不属于其遗产或者清算财产。

第十七条　除因下列情形之一外，对信托财产不得强制执行：

（一）设立信托前债权人已对该信托财产享有优先受偿的权利，并依法行使该权利的；

（二）受托人处理信托事务所产生债务，债权人要求清偿该债务的；

（三）信托财产本身应担负的税款；

（四）法律规定的其他情形。

对于违反前款规定而强制执行信托财产，委托人、受托人或者受益人有权向人民法院提出异议。

（3）信托财产独立于受益人的自有财产。根据《信托法》的相关规定，受益人享有的是信托受益权而非信托财产的所有权。既然信托财产并非受益人的自有财产，那么当受益人产生债务时，债权人便不能主张用信托财产来还债。当然，受益人已经从信托财产中分配到手的财产与受益人的其他财产，本质上都属于受益人的责任财产，是可以被用来清偿债务的。不过，根据我国《信托法》第四十七条的规定，信托文件可以做出限制信托受益权用于清偿债务的规定，这就进一步实现了信托财产与受益人债务的隔离。

《信托法》

第四十三条　受益人是在信托中享有信托受益权的人。受益人可以是自然人、法人或者依法成立的其他组织。

委托人可以是受益人，也可以是同一信托的唯一受益人。

受托人可以是受益人，但不得是同一信托的唯一受益人。

第四十四条　受益人自信托生效之日起享有信托受益权。信托文件另有规定的，从其规定。

第四十七条 受益人不能清偿到期债务的，其信托受益权可以用于清偿债务，但法律、行政法规以及信托文件有限制性规定的除外。

最高人民法院于 2019 年 11 月 8 日发布的《全国法院民商事审判工作会议纪要》第 95 条也提及信托财产的独立性。

95.【信托财产的诉讼保全】信托财产在信托存续期间独立于委托人、受托人、受益人各自的固有财产。委托人将其财产委托给受托人进行管理，在信托依法设立后，该信托财产即独立于委托人未设立信托的其他固有财产。受托人因承诺信托而取得的信托财产，以及通过对信托财产的管理、运用、处分等方式取得的财产，均独立于受托人的固有财产。受益人对信托财产享有的权利表现为信托受益权，信托财产并非受益人的责任财产。因此，当事人因其与委托人、受托人或者受益人之间的纠纷申请对存管银行或者信托公司专门账户中的信托资金采取保全措施的，除符合《信托法》第十七条规定的情形外，人民法院不应当准许。已经采取保全措施的，存管银行或者信托公司能够提供证据证明该账户为信托账户的，应当立即解除保全措施。对信托公司管理的其他信托财产的保全，也应当根据前述规则办理。

当事人申请对受益人的受益权采取保全措施的，人民法院应当根据《信托法》第四十七条的规定进行审查，决定是否采取保全措施。决定采取保全措施的，应当将保全裁定送达受托人和受益人。

2.信托财产不得被执行

根据《民事诉讼法》的相关规定，如果有到期债务未还而被债权人起诉，若债务人在生效判决规定的期限内仍不偿还债务，法院有权执行债务人的财产用于清偿债务。

《民事诉讼法》

第二百五十三条第一款　被执行人未按执行通知履行法律文书确定的义务，人民法院有权向有关单位查询被执行人的存款、债券、股票、基金份额等财产情况。人民法院有权根据不同情形扣押、冻结、划拨、变价被执行人的财产。人民法院查询、扣押、冻结、划拨、变价的财产不得超出被执行人应当履行义务的范围。

第二百五十四条第一款　被执行人未按执行通知履行法律文书确定的义务，人民法院有权扣留、提取被执行人应当履行义务部分的收入。但应当保留被执行人及其所扶养家属的生活必需费用。

第二百五十五条第一款　被执行人未按执行通知履行法律文书确定的义务，人民法院有权查封、扣押、冻结、拍卖、变卖被执行人应当履行义务部分的财产。但应当保留被执行人及其所扶养家属的生活必需品。

信托财产因其独立性，已不再属于委托人。这就意味着，信托财产不会因为委托人的债务而被执行。当然，信托财产不被执行的前提是委托人用于设立家族信托的财产属于其合法财产，且设立家族信托时委托人的资产状况良好，不存在债务危机。另外，如果受托人在处理信托事务的过程中产生债务，由于这类债务本就属于信托财产的债务，受托人是可以用信托财产来清偿的。

可见，家族信托不仅是金融工具，更是一种法律工具。它最大的优势在于其法律机制，体现为权利和利益的分离、信托目的自由性（即可通过信托合同实现委托人的财富规划意愿）、信托财产独立性等方面。家族信托，能够更好地满足客户在风险隔离、财富管理和个性化传承等方面的需求。

（二）什么是保险金信托

我们可以将"保险金信托"理解为是保险和信托的"跨界合作"。委托人设立家族信托的财产，理论上可以是房产、公司股权、债权、基金、存款、艺术品等，其信托财产形式较为丰富，而设立保险金信托的财产，只能是保单权益。

不少客户希望通过配置大额保单（一般为寿险或年金险）给孩子留下一大笔钱，他们都不约而同地问过我这样的问题："我身故后，保险公司会一次性把大额的身故保险金（如2000万元）赔给孩子。如果孩子在短期内就把钱挥霍掉了怎么办？或者离婚被分掉了、做生意亏掉了怎么办？有没有什么方法可以解决这个问题？"还有部分离异的客户，担心万一自己身故时子女未成年，留下的财产会被前夫或前妻侵占，毕竟未成年人不具备管理财产的能力，一般都会交给其监护人实际管理。

基于大众的这种需求，保险金信托应运而生。什么是保险金信托呢？简单地说，就是将人身保险合同的相关权益装入信托——投保人签订人身保险合同，经被保险人同意，将受益人变更为信托公司，当保险事故发生或保险期满后，保险公司将保险金付给受益人，也就是信托公司；信托公司作为受托人，按照信托合同的约定管理和运用信托财产，将信托财产及其收益分配给信托受益人。

保险金信托可以做到兼顾被保险人生时的人身保障和身后的可控传承：投保人（信托委托人）可以保留保险合同期内对保单的控制权，也可以借助大额保单综合利用保险公司的高端医疗、高端养老等增值服务，同时还可以利用保险的杠杆作用，将保险金赔付至保险金信托，实现资产的进一步可控传承；在保险金信托层面，委托人可以按照自己的意愿提前在信托合同中对保险金理赔以后的投资管理、分配以及传承事宜进行规划，待保险金进入信托专户后，因信托财产具有独立性，能够有效防范来自信托受益人的婚变、债务、挥霍等风险所导致的财产流失问题。

以上说的是最早出现的保险金信托模式，也就是 1.0 版保险金信托模式。

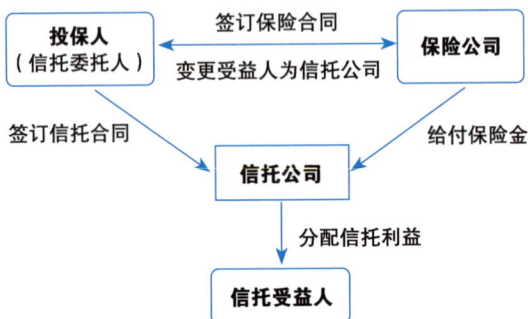

1.0 版保险金信托模式

随着客户需求的变化及国内保险金信托业务的快速发展，保险金信托的运作模式和功能也得到了创新与升级。目前，除了有单纯将保单的受益人变更为信托公司的 1.0 版保险金信托模式，还有将保单的投保人、受益人都变更为信托公司，在保单存续期内，由信托公司利用信托财产交纳续期保费，并作为保单的受益人受托管理和分配相关保险金的保险金信托模式。我们把这种模式称为 2.0 版保险金信托模式。

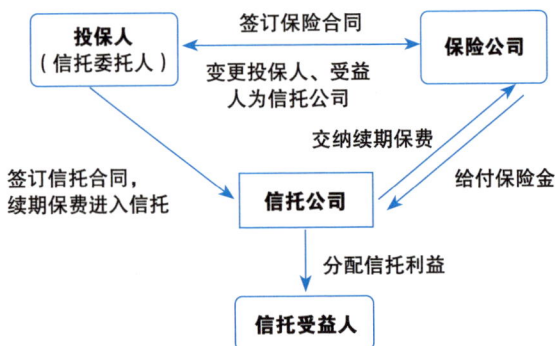

2.0 版保险金信托模式

2.0 版保险金信托模式的优势在于，将投保人变更为信托公司，避免了投保人身故后，保险金被当作遗产分割的风险，也避免了投保人欠债时，保单的现金价值被执行的风险。

目前，市场上也在探索委托人先行设立信托后，再由信托公司使用信托财产为委托人购买保险的所谓 3.0 版保险金信托模式，相当于受托人从保单的投保、持有以及赔付后的保险金管理三个环节，为客户的保单提供全方位的托管服务，让保单成为信托财产资产配置的组成部分，进一步发挥保险金信托在财富管理和传承方面的作用。

不过，在目前的保险金信托市场上，1.0 版保险金信托模式是各家保险公司与信托公司合作的常用模式，2.0 版保险金信托模式正在逐渐被市场采用，但囿于保险公司严格的合规和内控制度，3.0 版保险金信托模式在实务中的应用相对较少。

（三）保险金信托值得哪些客户关注

保险金信托兼具金融资产配置功能和法律功能，可以有效满足客户对于财富管理及传承的个性化需求。为了避免大额的身故保险金一次性付给身故受益人时可能发生的短期内挥霍一空、被他人侵占、因离婚被分割或因债务被执行等风险，投保人在配置保单的同时可以另行设立信托，变更信托公司为保单的受益人，并提前在信托合同中约定好信托利益的分配方式。

针对信托利益的分配方式，如果选择固定分配，就要考虑分配频次按年还是按季度，每次分配的金额是多少；如果选择按条件分配，就要考虑在何种情况下可以分配，在何种情况下可以减少或不予分配，每种情况下的分配金额是多少，等等。这样的分配方式，能够充分体现委托人对财富传承的意愿，实现"即便我不在了，仍可通过保险金信托确保财产稳稳当当地传给你，让你生活无忧"的愿望。

基于此，我认为有以下财富管理及传承需求的人士应当重点关注保险金信托：

（1）担心子女得到大额财产后在短期内挥霍一空，或者发生财产被他人侵占、因离婚被分割、因债务被执行等风险的高净值人士，可通过设立保险金信托实现可控的身后传承。

（2）希望将财产隔代传承给孙子女或者外孙子女，但担心孙子女或外孙子女因未成年或缺乏生活经验，致使所得的大额财产被他人侵占或因离婚被分割、因债务被执行等问题。这种情况下，可通过设立保险金信托有效解决隔代传承的问题，并对所传承的资产有所管控。

（3）希望给在智力或身体方面存在特殊障碍的子女及其他后代留下一笔财产，这笔财产最好能有计划地、缓慢地、长期地给，避免一次性给付，同时也避免被他人侵占。这种愿望也可以通过设立保险金信托来实现。

（4）担心自己身故后留给未成年子女的财产被他人侵占的离异人士，也可通过设立保险金信托对财产进行管控。

（5）家庭关系复杂，继承人成员较多，希望根据自己的意愿对各继承人进行差别照顾，又担心将来他们因此发生争产纠纷的，可通过设立保险金信托，由信托公司按照信托合同向各信托受益人分配信托利益，避免财产进入法定继承程序。

（6）未登记结婚但与其共同生活，想将自己的部分财产留给同居爱人的，可通过设立保险金信托，指定同居爱人为信托受益人，由信托公司按照信托合同的约定，向受益人分配信托利益。这就避免了因遗嘱继承而引发的继承纠纷，同时也解决了将同居爱人设为身故受益人时可能出现的无法拿到被保险人死亡证明的理赔难题。

以上仅列举了部分情况，我们可以根据自己的实际情况和需求，充分借助大额保单、家族信托、保险金信托等具有法律功能的金融工具，实现个性化的财富管理与传承意愿。

▶ **本节复盘**

1. 你认为大额保单作为财富传承工具，最突出的优势是什么？

2. 保险金信托是什么，它能消除哪些人士的传承烦恼？

第五章
大额保单与家庭资产安全配置

　　2016 年前后是保险行业学习法商的初期阶段，当时有不少人误以为保险能避债，也就是投保人买了保险之后，即便发生债务，保单也不需要用于还债，法院也不会强制执行保单。在很长一段时间内，"保险能避债"的说法风靡保险圈，也给广大的保险客户造成了误导。

　　保险并不能避债，但通过设计保单架构，它又的确能起到一定的债务隔离作用。本章，我将结合我在法商培训及法律实务中的经验，对家庭资产常见的债务风险进行梳理，解读保险的债务隔离功能，并分析不同情形下如何利用保单实现债务隔离。

第一节　常见的债务风险及防范手段

一、家企混同导致企业经营风险波及家庭

案例 5.1.1

甲公司与乙公司存在饰品采购关系，乙公司是一人有限责任公司（自然人独资），股东及法定代表人为 A 先生。甲、乙两个公司在合同履行过程中因货物质量及返修问题引发纠纷，甲公司诉至法院，要求解除双方之间的采购合同，乙公司返还已收取的订单定金并赔偿损失。同时，甲公司认为 A 先生作为股东与乙公司之间存在人格混同，要求 A 先生就乙公司的债务承担连带责任。

诉讼中，A 先生认为其与乙公司之间不存在人格混同，甲公司无权要求其承担连带责任。A 先生认为，交易过程中，每一笔订单都有相对应的发票，其与乙公司之间不存在混用账户的行为。乙公司每个年度都编制财务会计报告，公司财产和法定代表人财产不存在混同。

（一审法院）乙公司系自然人独资的有限责任公司，股东及法定代表人均为 A 先生，依据《中华人民共和国公司法》第

六十三条 "一人有限责任公司的股东不能证明公司财产独立于股东自己的财产的，应当对公司债务承担连带责任" 之规定，A 先生未举证证实公司财产独立于其个人财产，故 A 先生应对乙公司的债务承担连带清偿责任。

（二审法院）关于第三个争议焦点问题，A 先生是否应就本案债务承担连带清偿责任：乙公司作为一个有限责任公司，其股东为 A 先生，现 A 先生以其个人账户收取案涉款项，而且乙公司、A 先生亦未提交证据证明 A 先生的个人财产独立于乙公司的公司财产，应由其承担举证不能的不利后果，故甲公司要求 A 先生承担连带清偿责任有法律依据，一审法院予以支持亦无不当，本院亦予维持。

在案例 5.1.1 中，A 先生作为唯一的股东设立了乙公司，乙公司的性质为一人有限责任公司。那么，乙公司与甲公司之间的合同责任，最后为什么需要股东 A 先生来承担呢？要探讨这一问题，首先需要说明一下《中华人民共和国公司法》（以下简称《公司法》）中的 "有限责任公司" 及 "有限责任"。

日常工作中，我们接触或了解到的公司，其名称一般是 "×× 有限责任公司" 或者 "×× 股份有限公司"。这些公司以自己的名义与其他个人、公司、事业单位等市场主体发生交易往来，并以其全部财产对公司的债务承担责任，公司名称中的 "有限" 指的是股东的责任是 "有限" 的。

股东是出资设立公司或认购公司股份的自然人或法人，依法享有获得分红、参与公司重大决策、选任公司管理者等权利。有限责任公司的股东以其认缴的出资额为限对公司承担责任，股份有限公司的股东以其认购的股份为限对公司承担责任。

在法律上，公司是公司，股东是股东，二者是相互独立的。公司的债务应当优先由公司用其自身的财产来承担，债权人不能跳过公司转而要求股东承担公司债务；如果公司资不抵债，最终破产，对于股东来说，损失的也只是投到公司的出资额。也就是说，股东虽然需要对公司的债务承担责任，但承担责任的范围仅限于其认缴的出资额或认购的股份。

《公司法》

第三条　公司是企业法人，有独立的法人财产，享有法人财产权。公司以其全部财产对公司的债务承担责任。

有限责任公司的股东以其认缴的出资额为限对公司承担责任；股份有限公司的股东以其认购的股份为限对公司承担责任。

公司是一种由来已久的商业组织形式，相比单打独斗的个人，公司这一组织体拥有无可比拟的竞争优势。法律之所以赋予公司独立法人地位并规定股东的有限责任，是为了便于公司以自己的名义独立开展商业活动、独立承担法律责任，也免除各创业者的后顾之忧，促使其敢于创业创新，进而促进经济社会的发展进步。正如美国哥伦比亚大学前校长尼古拉斯·巴特勒（Nicholas Butler）所言："股东有限责任制的法人公司的出现是现代社会最了不起的发明；没有它的话，即便人类发明了蒸汽机和电，生产力也不会有革命性的进步。"

凡事都有两面性。法律赋予了公司独立法人地位，规定了股东的有限责任，如果一切规范运转，股东的确无须超过出资额为公司的债务承担责任；但如果股东滥用权利，侵害了公司独立的财产权，严重损害了债权人的利益，那么这时就可以否认公司独立法人地位，进而由股东承担连带责任。

《公司法》

第二十条　公司股东应当遵守法律、行政法规和公司章程，依法行使股东权利，不得滥用股东权利损害公司或者其他股东的利益；不得滥用公司法人独立地位和股东有限责任损害公司债权人的利益。

公司股东滥用股东权利给公司或者其他股东造成损失的，应当依法承担赔偿责任。

公司股东滥用公司法人独立地位和股东有限责任，逃避债务，严重损害公司债权人利益的，应当对公司债务承担连带责任。

第六十三条　一人有限责任公司的股东不能证明公司财产独立于股东自己的财产的，应当对公司债务承担连带责任。

在案例 5.1.1 中，A 先生成立的乙公司为一人有限责任公司，原则上 A 先生并不需要对乙公司的债务承担责任。但法院判令 A

先生就前述债务向甲公司承担连带清偿责任，原因就在于"A 先生以其个人账户收取案涉款项，而且乙公司、A 先生亦未提交证据证明 A 先生的个人财产独立于乙公司的公司财产"。也就是说，A 先生作为股东，将其个人财产和公司财产弄混了。既然弄混了，就意味着说不清楚哪些是股东个人的财产，哪些是公司的财产。为什么会弄混呢？这是由股东的不规范行为所致的（如个人账户收取公司款项、家庭消费至公司报销入账、财务管理不规范等）。所以，这种情况下 A 先生要承担的债务责任便不再以出资额为限，而要对公司债务承担无限连带责任。

除了案例中介绍的"家企混同"导致企业债务波及股东个人的情形，实践中，股东为企业债务提供连带责任保证，用家庭资产为企业债务提供担保，股东在企业融资中与投资人签订对赌协议等情形，也是企业债务波及股东个人的常见情形。这些情形下，股东的家庭资产只能与企业"一荣俱荣，一损俱损"。

二、难以避免的夫妻共同债务

案例 5.1.2

2011 年，A 公司获得 B 公司 4.5 亿元融资，B 公司获得 A 公司 15% 的股权。同时，B 公司与 A 公司实际控制人李某等相关方签订了对赌协议，协议约定：若 A 公司未能在 2013 年 12 月 31 日之前实现合格上市，则投资方 B 公司有权在 2013 年 12 月 31 日后的任何时间，要求李某等相关方任何一方回购 B 公司所持有的 A 公司的股权。

由于种种原因，A 公司未能按约定期限完成上市。李某也于 2014 年 1 月 2 日突发心肌梗死离世。B 公司随之将李某遗孀金某告上法庭，要求其为夫还债。北京市第一中级人民法院根据《最高人民法院关于适用〈中华人民共和国婚姻法〉若干问题的解释（二）》（以下简称《婚姻法司法解释（二）》）第二十四条规定的"债权人就婚姻关系存续期间夫妻一方以个人名义所负债务主张权利的，应当按夫妻共同债务处理"①以及其他相关法律规定，认定这笔债务为李某与金某的夫妻共同债务，判决金某需在 2 亿元范围内承担连带清偿责任。

金某曾对媒体表示："当年的'对赌协议'，我没有签字。巨额的投资款项，也没有用于夫妻共同生活，我甚至都没有持有过 A 公司的股权，这一切为什么要我来承担？"金某说，"直到被推到董事长兼总经理的位置，我才知道了'对赌协议'的存在"。

金某不服一审判决，上诉至北京市高级人民法院，请求撤销一审判决。期间，最高人民法院在 2018 年 1 月 17 日发布了《关于审理涉及夫妻债务纠纷案件适用法律有关问题的解释》（以下简称《解释》），对前述第二十四条作出修正，对于是否属于夫妻共同债务不再单以债务的发生时间而论，而是要看债务是否基于夫妻二人的共同意思（比如都签名了，或事后追认），或是看债

---

① 自 2021 年 1 月 1 日起，《民法典》正式施行，原《中华人民共和国婚姻法》及其司法解释同时废止。

务是否用于了夫妻共同生活或者共同生产经营。

金某的二审请求能否因《解释》的出台而获得法院支持，一度受到社会关注。

2019 年 5 月 7 日，该案二审在北京市高级人民法院不公开审理，二审审理期间的焦点主要集中在本案中投资协议的债务是否属于李某、金某夫妻二人共同经营所负债务。最终，二审法院根据在案证据，认定案涉债务属于夫妻共同经营所负债务，并由此驳回了金某的上诉请求，维持一审判决。这意味着金某需在 2 亿元范围内，为该项股权回购债务承担连带清偿责任。

（一）哪些债务是夫妻共同债务，哪些债务是夫妻一方个人债务

1. 对夫妻共同债务的认定

在婚姻家事法律领域，夫妻共同债务一直是讨论比较多的一个话题。前文中我用"合伙"一词类比婚姻中的财产关系，即收益共享、风险共担，既然婚后所得归夫妻双方共有，那么婚后为共同生活或共同经营所欠的债务，自然也应当由夫妻二人共同承担。

那么，到底哪些债务属于夫妻共同债务，需要由夫妻双方共同偿还呢?《民法典》第一千零六十四条对此有明确的规定。

《民法典》

第一千零六十四条　夫妻双方共同签名或者夫妻一方事后

追认等共同意思表示所负的债务，以及夫妻一方在婚姻关系存续期间以个人名义为家庭日常生活需要所负的债务，属于夫妻共同债务。

夫妻一方在婚姻关系存续期间以个人名义超出家庭日常生活需要所负的债务，不属于夫妻共同债务；但是，债权人能够证明该债务用于夫妻共同生活、共同生产经营或者基于夫妻双方共同意思表示的除外。

上述法律条文的内容，可总结如下：

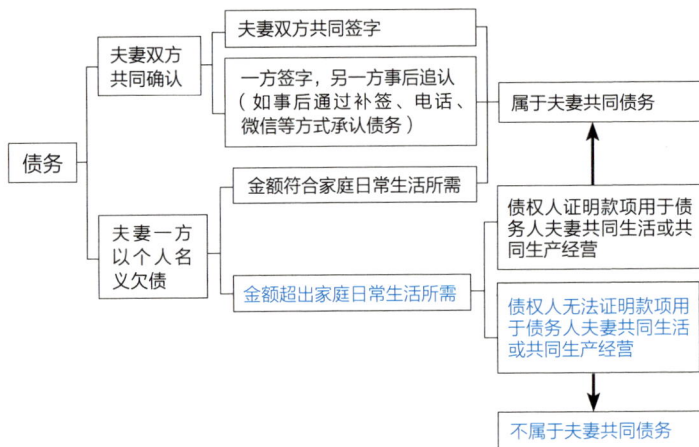

《民法典》第一千零六十四条规定的夫妻共同债务

简单来说，夫妻共同债务强调的是共同性。要么夫妻二人都签字，或者一方签字，另一方事后通过补签、手机短信、微信、电话等方式对债务予以追认；要么所借款项用于家庭日常生活或共同生产经营，比如用于生活中的必要开支，包括衣食住行、医疗保健、交通通信、文娱教育、抚养子女、赡养老人等，这些情形下的债务就属于夫妻共同债务。当然，在认定夫妻共同债务时，要结合债务金额、举债次数、债务用途、家庭收入状况、消费水平、当地经济水平等因素进行综合判断。

2. 对夫妻一方个人债务的认定

一般来说，婚姻关系存续期间产生的以下债务属于夫妻一方的个人债务：

（1）一方所借的超出家庭日常生活需要，且没有用于夫妻共同生活或共同生产经营的债务；

（2）夫妻一方与债权人明确约定为个人债务的；

（3）夫妻对婚姻关系存续期间所得的财产明确约定归各自所有，夫或妻一方对外负债，债权人知道该约定的；

（4）夫妻一方与第三人串通虚构的债务；

（5）夫妻一方从事赌博、吸毒等违法犯罪活动中所负的债务；

（6）其他不符合夫妻共同债务条件的个人债务。

（二）离婚能避债吗

常有客户咨询："夫妻婚后因投资失败或公司经营失利，欠了大量债务无法偿还，为保证子女的生活水平及教育条件不受影响，赶紧办理离婚手续，将夫妻共同财产中的全部或绝大部分分给直接抚养子女的一方，这种方式是否可行？分得财产的一方，后续还会被债主追债吗？"

要回答这个问题，我们需要先区分这个"大量债务"是夫妻共同债务，还是一方的个人债务。

第一，离婚后，男女双方仍须对夫妻共同债务承担清偿责任。如果债务经夫妻双方共同签字确认，或者债权人有证据证明资金是用于债务人的夫妻共同生活或共同生产经营，那么该债务便是夫妻共同债务，即便离婚，男女双方仍须对债务承担连带清偿责任。这种情况下，面临大额债务紧急离婚的做法，并不能帮助其中一方达到撇清债务的目的。

第二，若债务确实是夫妻一方的个人债务，但离婚时负债方将全部或绝大部分夫妻共同财产分给了配偶，这种行为因侵害了债权人的利益，可以被撤销。例如，深圳市中级人民法院在其《关于婚姻家庭纠纷案件的裁判指引》（2014年5月21日修订）第四十条对这一问题规定如下："夫妻离婚协议中约定夫妻共同财产全部或者绝大部分归一方所有，若不分或者明显少分夫妻共同财产的一方在婚姻存续期间存在个人债务，债权人有权向人民法院起诉请求撤销该离婚协议中的财产分割部分；若夫妻双方在婚姻存续期间存在共同债务，债权人有权向人民法院起诉请求夫妻双方连带偿还有关债务。"

案例 5.1.3

A先生作为保证人为他人的债务提供保证责任，后因债务人未能还款，A先生被判令承担欠款本金293万元及相应利息的保证责任。借款发生的时间及A先生两次出具还款承诺书的时间均在 A 先生与其配偶 B 女士办理离婚登记手续之前。

A 先生与 B 女士的离婚财产分割中涉及六处房产，其中两处归二人的孩子所有，另外四处归 B 女士所有，并约定前述房产所涉贷款均由 B 女士承担。债权人认为，A 先生与 B 女士的此种财产分割侵害了其债权利益，遂起诉至法院，要求法院判令撤销 A 先生与 B 女士离婚协议中关于房产分割的约定。

《中华人民共和国合同法》（以下简称《合同法》①）第七十四条规定："因债务人放弃其到期债权或者无偿转让财产，对债权人造成损害的，债权人可以请求人民法院撤销债务人的行为。债务人以明显不合理的低价转让财产，对债权人造成损害，并且受让人知道该情形的，债权人也可以请求人民法院撤销债务人的行为。撤销权的行使范围以债权人的债权为限。债权人行使撤销权的必要费用，由债务人负担。"

被告 A 先生在 2016 年 5 月 20 日向债权人出具承诺书，在承诺替债务人担保 293 万元的情况下，于同年 6 月 2 日与被告 B 女士达成离婚协议，将两人共同所有的案涉六套房产中的四套归 B 女士所有，两套归孩子所有。A 先生在明知有 293 万元担保债务的情况下，在离婚协议中对债务问题表述为无其他债务，并将夫妻共同财产全部转移到 B 女士及孩子名下，此行为应认定 A 先生

---

① 自 2021 年 1 月 1 日起，《民法典》正式施行，《民法典》合同编取代《合同法》。此处《合同法》第七十四条对应《民法典》第五百三十八条、第五百三十九条以及第五百四十条规定。

无偿放弃婚内财产份额，客观上减少了 A 先生作为债务人的责任财产，应认定为无偿转让财产。

现原告与被告 A 先生的保证合同纠纷案件已进入执行程序，但至今尚未执行完毕，导致原告债权至今无法实现，应认定对原告的债权造成了损害。故原告主张要求撤销被告 A 先生与 B 女士 2016 年 6 月 2 日离婚协议中关于房产处理的行为，理由正当，本院予以支持。

沈阳市中级人民法院二审中对一审法院上述判决观点予以维持。

三、资产代持的风险及相应的防范手段

刚进入律师行业时，我代理了一起民间借贷纠纷，当事人 C 先生是债务人，他与债权人在两年间有频繁的资金往来，其中涉及借款、货款、利息、临时周转资金等。双方对于借款事实并无异议，但对未还借款的本金及利息有争议。债权人起诉的借款本金是 280 余万元，C 先生认为扣除其已偿还的款项，借款本金实际上是 230 余万元。我与 C 先生就案件情况和证据问题进行沟通时，他说了一句让我印象很深刻的话："没事，即便这个官司输了我也不怕，反正我名下没财产，我那几套房子都在别人名下呢。"虽然我早就知道这种资产代持情况很普遍，但初入律师行业，学生气未脱的我，看到当事人说这句话时轻松又得意的表情，内心还是深受震荡，这大概是我第一次真切感受到所谓的"资产代持"吧。

代持，就是指代为持有。顾名思义，资产代持就是自己的财产由他人代为持有，比如存款存在他人银行账户中、房产或公司股权登记在他人名下等。这个"他人"往往是夫妻或家庭成员以外的人，比如亲戚、朋友、员工等。

那么，为什么会有人不自己持有资产，而选择让他人代持呢？原因有很多，常见的有当事人希望隔离债务风险、保护隐私或因特殊身份不方便持有等。

C 先生败诉后，虽然他实际上还有几套房产，但是由于这些房产都登记在别人名下，债权人是无权要求法院直接执行这几套房产的。

（一）资产代持的风险

为表述方便，我以前文 C 先生为例，为大家讲解资产代持存在的风险。

我们假设 C 先生把房产交由亲戚 D 先生代持，房产登记在 D 先生名下，由 D 先生以自己的名义对房产进行管理，并定期将租金交给 C 先生。这种情况下，虽然 C 先生负债时房产不会被法院执行，但代持本身也有不小的风险。

1. 代持人的不忠风险

被代持人（C 先生）一般会选择自己信任的人做代持人（D先生），如亲戚、朋友等。但在实际中，代持人反悔不承认代持的情况时有发生，也存在代持人要求被代持人给予更多财产回报的情况。尤其是当双方没有签订相关协议，以证明代持或明确双方权利与义务的情况下，代持人反悔的概率会更高。这时，被代持人想要拿回财产，往往需要耗费大量的时间、精力甚至不菲的诉讼费、律师费等各项费用。如果 C 先生与 D 先生没有签订任何书面协议，一旦 D 先生不承认代持关系，拒绝交回代持房产，C 先生就可能要承担相应的后果。

2. 代持人的婚变风险

如果代持人 D 先生出现婚变风险，离婚时要对夫妻共同财产进行分割，由于 C 先生的房产登记在 D 先生名下，D 先生的配偶可能会要求查封并分割该房产。这对财产的实际所有人 C 先生来说，无疑是节外生枝。此种情况下，C 先生要想保住自己的房产，需要与 D 先生及其配偶沟通并达成协议。若协议不成，C 先生只能另行起诉，要求法院确认其对登记在 D 先生名下的房产享有实际所有权，从而保证该房产不因 D 先生离婚而被分割。

3. 代持人的身故风险

如果代持人 D 先生意外身故，其所代持的房产因为在 D 先生的名下，各继承人有权要求继承并分割该房产。这时，作为财产实际所有人的 C 先生要想保住房产不被继承分割，恐怕又得花费一番时间和精力。如果 C 先生没有证据证明自己是房产的实际所有人，那么代持房产将难逃被继承分割的命运。

4. 代持人的债务风险

选择代持人也是个"技术活"。一般来说，债务风险小或无债务风险是被代持人考虑的重点之一。如果代持人有债务风险，那么其所代持的资产就可能会被法院执行。比如，D 先生因某事产生了债务，由于房产登记在 D 先生名下，债权人当然可以向法院申请执行这些房产。即便此时 C 先生拿出了代持协议，也不能阻止法院的执行。

以上分析中，我们是以代持资产为房产进行举例，实际上，无论是房产代持、股权代持还是资金代持，其本质都是资产代持，被代持人应当关注上述代持风险。

下面，我们来看一起因代持人的债务风险导致代持股权被法院执行的案例。

案例 5.1.4

甲公司与付某签订《代持股协议书》一份，约定为便于开展相关证照、资质的办理及更名工作，由付某代甲公司持有乙公司 10% 的股权。

后来，付某因另案借款纠纷，导致其持有的乙公司 10% 的股权（价值约 1000 万元），被债权人丙公司申请冻结。

为了维护自己的实际财产权，甲公司就与付某之间的股权代持关系提起仲裁。仲裁委员会依据相关证据，确认甲公司与付某之间的代持协议有效，确认付某持有的乙公司 10% 的股权为甲公司实际所有。

随后，甲公司就法院冻结付某持有的 10% 的股权的执行裁定提出异议。

本案的主要争议焦点为：甲公司对案涉股权是否享有足以排除强制执行的民事权益。

《最高人民法院关于人民法院办理执行异议和复议案件若干

问题的规定》（以下简称《执行异议复议司法解释》）第二十五条第一款第四项规定："对案外人的异议，人民法院应当按照下列标准判断其是否系权利人：（四）股权按照工商行政管理机关的登记和企业信用信息公示系统公示的信息判断。"《公司法》第三十二条第三款规定："公司应当将股东的姓名或者名称向公司登记机关登记；登记事项发生变更的，应当办理变更登记。未经登记或者变更登记的，不得对抗第三人。"公司的工商登记对社会具有公示公信效力，善意第三人有权信赖公司登记机关的登记文件，工商登记表现的权利外观应作为认定股权权属的依据。

本案中，2016年8月10日，甲公司与付某签订《代持股协议书》，约定付某代甲公司持有乙公司10%的股权。乙公司《企业信用信息公示报告》显示，付某持有乙公司10%的股权。本院认为，案涉《代持股协议书》仅在协议签订双方之间具有法律效力，对外不具有公示效力，不能对抗第三人。在诉争股权仍然登记在付某名下的情形下，丙公司作为申请执行人有理由相信工商行政管理机关的登记和企业信用信息公示系统公示的信息是真实的。因此，不论甲公司是否支付对价，均不能以其与付某之间的代持股关系排除人民法院的强制执行行为。故本院对甲公司二审中提交的两组证据的关联性不予认定。

关于甲公司能否依据贵阳仲裁委员会作出的裁决书主张排除执行的问题。《执行异议复议司法解释》第二十五条第二款规定："案外人依据另案生效法律文书提出排除执行异议，该法律文书认定的执行标的权利人与依照前款规定得出的判断不一致的，依照本规定第二十六条规定处理。"第二十六条第二款规定："金钱债权执行中，案外人依据执行标的被查封、扣押、冻结后作出的另案生效法律文书提出排除执行异议的，人民法院不予支持。"

本案中，一审法院作出执行裁定，于 2017 年 6 月 8 日冻结了付某持有的乙公司 10% 的股权。2019 年 1 月 23 日，贵阳仲裁委员会依据甲公司的仲裁申请，作出裁决，确认付某持有的乙公司 10% 的股权为甲公司实际所有。一审法院查封冻结案涉股权的时间早于贵阳仲裁委员会作出裁决书的时间。一审根据前述法律规定和事实认定，案涉股权冻结后贵阳仲裁委员会作出的裁决书不能排除对案涉股权的强制执行，该认定并无不当，本院予以维持。

5. 将代持资产变更为自己所有时，被代持人的税费成本及税务风险

比如，若 C 先生打算将登记在 D 先生名下的房产转回至自己的名下，会产生所得税、契税等相关税费成本。如果被代持人为了避税，虚报财产转让金额，还有被税务稽查，进而面临补缴税款、滞纳金及承担罚款的风险，更加得不偿失。

（二）资产代持风险的防范

资产代持是一柄双刃剑。它虽然可以起到一定的债务隔离及隐私保护作用，但代持本身也会带来前文中所说的一些风险。

那么，该如何防范资产代持可能出现的风险呢？

1. 签订书面的代持协议，明确资产代持关系

为规避代持人不忠的风险，被代持人可与代持人签订书面代持协议，明确双方关于某项资产的代持关系。协议中应约定清楚代持双方的权利与义务，比如，约定未经实际所有权人同意，代持人不得将代持资产出售、赠与或抵押等，否则将承担何种违约责任。同时，为防范代持人离婚或身故时，代持资产被分割的风险，最好配套签订代持人近亲属的知情函，由代持人的配偶或其他近亲属在知情函上签字确认。另外，财产实际所有人对于代持资产的出资凭证、与代持人之间的关键聊天记录等，也需要妥善保存，以便与代持协议相互印证，证明代持关系的存在。

其实，只要代持人是某个自然人，这个人就可能反悔、离婚、身故，也可能负债。所以，即便通过代持协议等法律工具来防范风险，也只能是防范而已，并不能从根本上规避代持人为自然人时的代持风险。因此，被代持人可以考虑选择机构，而非自然人，来担任代持人。

2.借用家族信托、保险金信托进行资产代持

通过设立家族信托、保险金信托，委托人将自己合法所有的资产转移至信托机构，受托人（如信托公司）依据信托合同对信托财产进行管理和处分。从架构上理解，可以看作是由信托公司担任了资产的"代持人"角色，且这种代持是在《信托法》等相关法律法规的规则下进行的。按照我国《信托法》的规定，信托财产与信托公司的固有财产相区别，信托公司依法解散、撤销或被宣告破产而终止时，信托财产不属于信托公司的清算财产。这意味着信托中委托人及受益人的相关利益不受信托公司经营风险

的影响，相当于一定程度上防范了自然人担任代持人时的不忠风险及代持人的婚变、身故和债务风险。

▶ **本节复盘**

1."有限责任公司""股份有限公司"中的"有限"是什么意思？举例说说，何种情况下，股东要对公司的债务承担无限连带责任？

2.哪些债务属于夫妻共同债务，哪些债务属于夫妻一方的个人债务？

3.谈谈你对资产代持这一现象的看法，资产代持有哪些风险，该如何防范？

第二节 走出"保险能避债"的误区

人身保险虽然在特定情形下可以不因债务而被执行，但有一定的前提，即需要考虑债权归属、保险架构等具体情形，不能一概而论地说"保险能避债"。

一、如何理解"任何单位和个人不得非法干预保险人履行赔偿或者给付保险金的义务"

几年前，我常在微信朋友圈看到保险业务经理援引我国《保险法》中的这条规定："任何单位和个人不得非法干预保险人履行赔偿或者给付保险金的义务，也不得限制被保险人或者受益人取得保险金的权利。"

初读这句话，好像确实可以读出"保险很厉害，任何人都不能干预保险公司履行赔付义务"的意思，但是，这是不是就代表保险可以不被法院执行，可以不被用于还债呢？仅凭这句话，恐怕并不能得出这样的结论。

我们理解一个法律条文，不能断章取义，要结合整个条文以及条文所在的体系来分析。这条规定的全文如下：

《保险法》

第二十三条 保险人收到被保险人或者受益人的赔偿或者给付保险金的请求后，应当及时作出核定；情形复杂的，应当在三十日内作出核定，但合同另有约定的除外。保险人应当将核定结果通知被保险人或者受益人；对属于保险责任的，在与被保险人或者受益人达成赔偿或者给付保险金的协议后十日内，履行赔偿或者给付保险金义务。保险合同对赔偿或者给付保险金的期限有约定的，保险人应当按照约定履行赔偿或者给付保险金义务。

保险人未及时履行前款规定义务的，除支付保险金外，应当赔偿被保险人或者受益人因此受到的损失。

任何单位和个人不得非法干预保险人履行赔偿或者给付保险金的义务，也不得限制被保险人或者受益人取得保险金的权利。

从第二十三条的全文来看，该条的立法目的在于保护被保险人或受益人合法取得保险金的权利。其中，第一款规定保险公司对于客户的理赔申请要及时核定，对于保险责任要及时赔付；第二款规定保险公司若违反相关赔付期限，需要赔偿客户的损失（实务中一般是资金占用损失）；第三款则是对保险金的给付过程进行了规范，明确保险金的赔偿或给付是被保险人或受益人与保险公司之间的合同履行问题，任何单位和个人都不能非法干预双方间关于保险金的赔偿或给付活动。

可以看出，第三款更多是一种宣示性的规范[1]，目的在于宣示被保险人或受益人依法取得保险金的权利应当受到法律保护。但要注意的是，第三款中强调的是"任何单位和个人不得非法干预保险人履行赔偿或者给付保险金的义务"，如果投保人等主体有到期债务未还，人民法院要求保险公司协助执行，对保单现金价值进行冻结、划扣，或者截留保险金，这显然属于合法行为，如果不是非法干预，保险公司就必须配合，否则保险公司也将承担相应的法律责任。

因此，《保险法》第二十三条中"任何单位和个人不得非法干预保险人履行赔偿或者给付保险金的义务，也不得限制被保险人或者受益人取得保险金的权利"的规定，并不是"保单不能被用于还债"的裁判依据，大家切勿再因这句话而误解保险的避债功能。

二、保单到底会不会被执行还债

案例 5.2.1

李先生作为投保人，为妻子刘女士购买了一份终身寿险，年交保费 2 万元，已交费十年，保单的身故受益人是二人的儿子小宝。2021 年 9 月，李先生因公司经营问题向生意伙伴张总借款

---

[1] 法律条文成千上万，实际上并非所有的法律条文都能够在具体的案件中作为裁判依据得到适用，有的法律条文主要是一种倡导性或宣示性的规范，并不涉及人们的具体权利义务关系。

50 万元，由于未能按约定期限还款，张总起诉至法院并胜诉，但李先生及刘女士名下确实已无房产、存款等财产用于偿还这 50 万元及利息。经查询，李先生作为投保人的保单现金价值约 13 万元，于是张总申请法院执行该保单。

李先生及刘女士对此提出异议，认为该保单是以刘女士的生命作为保险标的的人身保险，不应被执行。而且，保单的受益人是债务关系之外的第三人小宝，如果执行保单，会影响到受益人的利益，从这一角度讲，保单也不应当被强制退保还债。

那么，本案中这份现金价值为 13 万元的终身寿险，是否可以被法院执行？

案例 5.2.1 中，李先生作为投保人的这份现金价值为 13 万元的保单，是可以被法院执行的。

俗话说"欠债还钱，天经地义"，这句话换成法律用语，就是"每个主体都应当对自己所负的债务承担清偿责任"。自己欠下的债务，要用自己合法所有的财产来还。如果拒不偿还债务，债权人就可以通过诉讼的方式维权，将债务人告上法庭。我们说的"被法院执行"，是指在法院判令债务人还款，但债务人拒绝履行时，债权人可以向人民法院申请执行，这就进入了案件的执行程序。执行程序中，法院有权向有关单位查询被执行人（债务人）的存款、债券、股票、基金份额等财产情况，有权根据具体情形扣押、冻结、划拨、变价被执行人的财产用于清偿其所负的债务。

关于人民法院到底可以执行被执行人的哪些财产，我国《民事诉讼法》及相关司法解释中有明确规定。

《民事诉讼法》

第二百五十三条 被执行人未按执行通知履行法律文书确定的义务，人民法院有权向有关单位查询被执行人的存款、债券、股票、基金份额等财产情况。人民法院有权根据不同情形扣押、冻结、划拨、变价被执行人的财产。人民法院查询、扣押、冻结、划拨、变价的财产不得超出被执行人应当履行义务的范围。

人民法院决定扣押、冻结、划拨、变价财产，应当作出裁定，并发出协助执行通知书，有关单位必须办理。

《最高人民法院关于人民法院民事执行中查封、扣押、冻结财产的规定》

第二条第一款 人民法院可以查封、扣押、冻结被执行人占有的动产、登记在被执行人名下的不动产、特定动产及其他财产权。

以上条文列举的财产形式中并没有直接提到保单。实务中，保单到底能否被法院执行，要交由法院来具体分析处理。

目前的司法实践中，法院多认为退保可获得的现金价值（账户价值）、可领取的生存保险金和现金红利，可确认但尚未完成支付的保险金等财产性权益，均是投保人、被保险人或受益人的责任财产，人民法院可以执行。

我们来看一下浙江省和江苏省高级人民法院的相关意见。

浙江省高级人民法院执行局《关于加强和规范对被执行人拥有的人身保险产品财产利益执行的通知》(浙高法执〔2015〕8号)

一、投保人购买传统型、分红型、投资连接型、万能型人身保险产品、依保单约定可获得的生存保险金、或以现金方式支付的保单红利、或退保后保单的现金价值，均属于投保人、被保险人或受益人的财产权。当投保人、被保险人或受益人作为被执行人时，该财产权属于责任财产，人民法院可以执行。

人民法院要求保险机构协助扣划保险产品退保后可得财产利益时，一般应提供投保人签署的退保申请书，但被执行人下落不明，或者拒绝签署退保申请书的，执行法院可以向保险机构发出执行裁定书、协助执行通知书要求协助扣划保险产品退保后可得财产利益，保险机构负有协助义务。

江苏省高级人民法院《关于加强和规范被执行人所有的人身保险产品财产性权益执行的通知》(2018年7月9日)

一、保险合同存续期间，人身保险产品财产性权益依照法律、法规规定，或依照保险合同约定归属于被执行人的，人民法院可以执行。人身保险产品财产性权益包括依保险合同约定可领取的生存保险金、现金红利、退保可获得的现金价值（账户价值、未到期保费），依保险合同可确认但尚未完成支付的保险金，及其他权属明确的财产性权益。

人民法院执行人身保险产品财产性权益时，应遵守《中华人民共和国民事诉讼法》第二百四十三条①、《最高人民法院关于人民法院民事执行中查封、扣押、冻结财产的规定》第五条②的规定。例如，对于被保险人或受益人为被执行人的重疾型保险合同，已经发生保险事故，依保险合同可确认但尚未完成支付的保险金，人民法院执行时应当充分保障被执行人及其所扶养家属的生存权利及基本生活保障。

再看四川省高级人民法院在（2021）川执复142号执行裁定书中关于能否冻结保单现金价值问题的分析说理如下：

本院认为，本案的焦点问题为能否冻结案涉人寿保险产品的现金价值。

《最高人民法院关于人民法院民事执行中查封、扣押、冻结财产的规定》第二条第一款规定："人民法院可以查封、扣押、冻结被执行人占有的动产、登记在被执行人名下的不动产、特定动产及其他财产权。"据此，被执行人可供执行的财产包括财产权利。

商业保险产品属于前述规定的其他财产权利的范围。人寿保险产品虽具有一定的人身保障功能，但其根本目的和功能是经

① 《民事诉讼法》于2023年修正，该条已变更为第二百五十四条，法条内容无改动。
② 《最高人民法院关于人民法院民事执行中查封、扣押、冻结财产的规定》于2020年修正，该条已变更为第三条，法条内容无改动。

济补偿，本质上属于一项财产性权益，具有一定的储蓄性和有价性，投保人可通过解除保险合同、退保等方式提取保单的现金价值，该现金价值属于投保人的责任财产，且在法律性质上不具有人身依附性和专属性，也不属于《民事诉讼法》第二百四十四条①及《最高人民法院关于人民法院民事执行中查封、扣押、冻结财产的规定》第五条规定的被执行人及其所扶养家属的生活必需品等豁免财产的范围。

本案中，根据《保险法》等相关法律的规定，杨某某作为投保人，在保险事项发生且保险金给付之前，对其所购买人寿保险产品的现金价值享有确定的物权所有权，执行法院在执行程序中对其所购买人寿保险产品的现金价值进行冻结并无不当。

最高人民法院在（2021）最高法执监35号执行裁定书中关于能否执行保单现金价值的分析说理如下：

本院认为，本案的审查重点是，在作为被执行人的投保人不主动解除保险合同的情形下，人民法院在执行过程中能否强制执行案涉保险单的现金价值。

首先，人身保险是以人的寿命和身体为保险标的的保险，保险单具有现金价值。其中人寿保险更是具有较为典型的储蓄性和

---

① 《民事诉讼法》于2023年修正，该条已变更为第二百五十五条，法条内容无改动。

有价性，已经成为一种较为普遍的投资理财方式。这种储蓄性和有价性，不仅体现在在保险合同存续期间，投保人可以获取利息等红利收入，而且体现在投保人可以以保险单现金价值为限进行质押贷款，更体现在在保险期间内投保人可以随时单方无条件解除保险合同，以提取保险单的现金价值。因此，案涉 9 份保险单的现金价值具有明显的财产属性。

同时，《保险法》第四十七条规定："投保人解除合同的，保险人应当自收到解除合同通知之日起三十日内，按照合同约定退还保险单的现金价值。"《最高人民法院关于适用〈中华人民共和国保险法〉若干问题的解释（三）》第十六条第一款规定："保险合同解除时，投保人与被保险人、受益人为不同主体，被保险人或者受益人要求退还保险单的现金价值的，人民法院不予支持，但保险合同另有约定的除外。"根据上述法律及司法解释的规定，保险合同解除后，保险单的现金价值一般应归属于投保人。因此，案涉保险单的现金价值作为财产性权益分别归属于投保人王某 1 和王某 2。

查扣冻规定第二条第一款规定："人民法院可以查封、扣押、冻结被执行人占有的动产、登记在被执行人名下的不动产、特定动产及其他财产权。"《最高人民法院关于适用〈中华人民共和国民事诉讼法〉执行程序若干问题的解释》第三十二条① 第一款第

---

① 《最高人民法院关于适用〈中华人民共和国民事诉讼法〉执行程序若干问题的解释》于 2020 年修正，该条已被删除。

四项规定，被执行人应当书面报告的财产包括债权、股权、投资权益、基金、知识产权等财产性权利。

故案涉保险单的现金价值分别作为被执行人王某 1、王某 2 的财产权，可以成为本案的执行标的。

综上，我们可以看出，目前的司法实践中，法院认为保单现金价值同样属于投保人的财产性权益，当投保人作为被执行人时，法院可以执行保单的现金价值。除保单现金价值外，依据保险合同约定可领取的保单现金红利、生存保险金、身故保险金，甚至重疾保险金等，同样属于财产性权益，其所归属的相应主体因债务未履行而成为被执行人的[①]，这些财产性权益也可以被执行。当然，在执行过程中还要遵守保障被执行人及其所扶养家属的生存权利及生活保障的规定，这点在江苏省高级人民法院《关于加强和规范被执行人所有的人身保险产品财产性权益执行的通知》第一条第二款中也有体现。

三、要从整体看待保单功能，切勿一叶障目

在前几年进行法商培训时，只要我讲到保险并不是避债的法外之地，保单现金价值也可以被执行时，不少人会感到不解和错

---

① 一般情况下，保单的现金分红属于投保人，生存保险金属于生存受益人，身故保险金属于身故受益人或被保险人的继承人，重疾保险金属于被保险人。

愕，因为这与大家平时接收到的信息以及内心的期待不符；也有人会非常失望，觉得保险既然不能避债，那买它也没什么用。关于这个问题，我想和大家谈谈我的看法。

（一）关于"保险能避债"说法的分析

当你问"买保险能避债吗"这个问题时，你的初衷是什么？是打算欠债不还？还是当你欠债想还，但实在无力偿还时，希望有那么一部分财产不要被法院执行拿去还债，你好借它维持自己和家人的基本生活？我想，多数人的初衷应该是后者。所以，我认为"避债"一词用得并不准确，因为你的初衷并不是欠债不还，甚至想方设法逃避债务，而是希望借此维持自己和家人的基本生活。

欠债不还的"老赖"行径应当被否定，但是，人类在发展过程中为了平衡创新开拓和风险损失，演变出了公司制、家族信托等风险隔离机制，它们属于社会层面的"游戏规则"。依据这些规则，股东可以放手大胆创业，因为他们承担的是"有限责任"；家族信托的委托人依法设立信托后，可以不用再担心自己未来的债务导致信托财产被执行还债，因为信托财产可以不被执行还债是现代社会信托制度所允许的。

同样的道理，通过人身保险中投保人、被保险人和受益人的架构设置，可以起到在不同情形下隔离特定人的债务的作用，这也是"游戏规则"所允许的。

因此，关于"保险能避债"的说法，我们所持的态度应当是：不苛求保险能够绝对避债，但可以充分利用法律框架下保险合同的特殊性，实现债务的相对隔离。

（二）认识保险的本源

生活中大家常说的一句话"无论走多远，都别忘了为什么出发"，这句话换个说法放在保险上也很恰当："无论期望有多高，都别忘了保险的本源。"

保险是一种风险分散与分担机制。保障型保险如重疾险、意外险、寿险、医疗险等，便是对风险进行分散与分担，最终实现互助共济。年金险则是针对人性中的短视、无节制消费和盲目投资而设计出来的一种保险产品，它的价值主要体现在资金的强制储蓄和长期规划，其收益增长较稳定，往往到了后期收益增长才会比较明显。因此，寄希望于通过年金险在短期内获得高收益，是一种脱离保险本源的想法。

我们应当全面、客观地看待保险，充分利用它来转移风险、提高身价、强制储蓄，让财富稳健增值，还可以充分利用保险合同的特殊性，实现现金类资产的定向高效传承。

▶ 本节复盘

1. 如何理解《保险法》第二十三条中"任何单位和个人不得非法干预保险人履行赔偿或者给付保险金的义务"这句话的意思？

2. 谈谈你对"保险能避债"这一说法的理解。

第三节　搭建保单架构，实现债务隔离

基于保险合同本身的特性及相关法律的规定，在某些情形下，保险能够起到隔离债务的作用。本节我们就来聊聊如何搭建保单架构，实现债务隔离。

一、父母为子女投保，隔离子女的债务风险

案例 5.3.1

郑先生与雷女士结婚多年，儿子小昀已经六岁。郑先生不喜欢每天家里和公司两点一线的上班生活，打算自己创业，但出于对创业风险的担忧，也考虑到自己作为一家之主身上的责任，便想提前规划好人身保障，储备好安全资金。经与保险公司业务经理沟通，郑先生打算配置一组保险方案，方案中含重疾险、医疗险、意外险及寿险，兼顾了基础保障和身价保障。

（一）保单架构

郑先生配置保险的目的在于，万一他在创业过程中发生债务或意外风险，自己和家人可以借助保险暂时渡过难关。为了实现

这一目的，投保人就不能设置为郑先生本人或妻子雷女士，避免保单的现金价值因郑先生的债务或夫妻共同债务而被执行。基于此，该投保方案中的投保人可由郑先生夫妻之外的人来担任，例如郑先生的父亲或母亲。

到这里，保单架构就比较清晰了：郑先生的父亲或母亲做投保人，郑先生做被保险人，指定郑先生的儿子小昀作为身故受益人。同理，如果雷女士为保单的被保险人，可让雷女士的父亲或母亲做投保人。

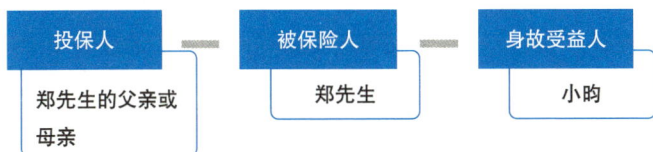

投保人		被保险人		身故受益人
郑先生的父亲或母亲		郑先生		小昀

郑先生的保单架构

如果经济条件允许，郑先生可以设立家族信托，在信托规则之下变更投保人为相应的信托公司，也可以起到隔离债务风险的作用。

（二）方案解读

之所以选择让郑先生夫妻之外的人来担任投保人，是希望在二人发生债务危机时，提前规划好的保险保障不至于因为保单被法院执行而被迫中断。由于保单的现金价值权益是投保人的资产，被保险人郑先生夫妻产生的债务便不会影响到保单。总之，谁的债务风险高，谁不适宜担任投保人。投保人最好是由债务风险低的人来担任。

（三）注意事项

当然，就像没有完美的圆一样，以上投保方案也无法做到完美。

1.若由年迈父母担任投保人，最好通过书面协议明确保单的代持状态

郑先生或雷女士的保险，由其父母来担任投保人，意味着保单的持有人是其父亲或者母亲，万一投保人擅自退保或者投保人身故，该投保方案的稳定性便会受到一定的冲击。因此，选择这种投保方案时，要评估父母的退保风险，提前通过书面形式明确保单的代持状态，这样同时也可以避免名义投保人（父亲或母亲）的其他继承人提出分割保单。

2.若欠债未能清偿后紧急变更投保人，债权人可起诉要求撤销

如果郑先生或雷女士之前已经配置了多份大额保单，此时计划创业，出于对未来债务风险的担忧，便可变更投保人为夫妻二人之外且债务风险较低的人，如父母、成年子女等，有条件的也可将投保人变更为信托公司。当然，如果债务人已经产生债务且未能清偿，才紧急将投保人变更为他人的，这种无偿转让财产的行为实际上侵害了债权人的利益，债权人可以起诉要求撤销其变更投保人的行为。但如果变更投保人后超过五年债权人才起诉至法院要求撤销，由于已经超过了法律规定的行使撤销权的时间，法院将不再予以支持。

《民法典》

第一百五十二条第二款　当事人自民事法律行为发生之日起五年内没有行使撤销权的，撤销权消灭。

第五百三十八条　债务人以放弃其债权、放弃债权担保、无偿转让财产等方式无偿处分财产权益，或者恶意延长其到期债权的履行期限，影响债权人的债权实现的，债权人可以请求人民法院撤销债务人的行为。

总而言之，投保要趁早，规划要趁早，维权也要趁早。风险不会等我们规划好了才发生，法律也不会保护躺在权利上"睡觉"的人。

二、为自己投保，指定子女为受益人，"留爱不留债"

案例 5.3.2

2013 年，A 公司迎来了"高光时刻"，在港交所主板挂牌上市。2011 年至 2014 年，A 公司整体营收和净利润都增长明显。

然而，从 2015 年开始，公司经营业绩全面下滑，主要原因在于 2015 年前后，行业本身受到宏观经济及行业发展周期的影响，加上电子商务迅速发展，凭借安全、便捷、成本相对低廉的优势，线上销售对传统线下销售造成一定挤压，A 公司业务开始全面收缩。

2017 年，B 公司向法院起诉 A 公司，请求判令 A 公司支付 B

公司货款 56790.34 元。可是连这笔不到 6 万元的货款，A 公司都支付不起。

2017 年 12 月，A 公司创始人之一林先生撒手人寰，林先生的子女当庭宣布放弃继承父亲的所有财产，轰动商界。

据悉，林先生在 A 公司 11 起金融借款合同案件中做了担保人，涉及金额高达 2.9 亿元。而银行提出诉讼请求，要求其配偶及子女作为第一顺序继承人在继承遗产范围内承担连带清偿责任。

上述案例中，银行要求 A 公司创始人之一林先生的继承人在继承遗产范围内清偿债务，而林先生的子女向法庭宣布放弃继承父亲的所有遗产。那么，放弃继承遗产之后，林先生的子女是否需要拿自己的财产来替父亲还债呢？答案是"不需要"。根据《民法典》的规定，父母和子女在法律上是相互独立的个体，不需要对彼此的债务承担连带清偿责任。我们常说的"父债子还"以及生活中确实存在的即便父母走了，子女依旧砸锅卖铁或者十几年如一日攒钱为父母还债的现象，是一种朴素的善良和诚信，道德上必须予以肯定，但法律上并不苛求。在法律上，继承人清偿被继承人债务的责任仅以其继承遗产的实际价值为限，继承人放弃继承的，对被继承人依法应当缴纳的税款和债务可以不负清偿责任。这也是案例 5.3.2 中林先生的子女宣布放弃继承的原因。

《民法典》

第一千一百六十一条　继承人以所得遗产实际价值为限清偿被继承人依法应当缴纳的税款和债务。超过遗产实际价值部分，继承人自愿偿还的不在此限。

继承人放弃继承的，对被继承人依法应当缴纳的税款和债务可以不负清偿责任。

案例中并没有描述除了债务和遗产外，林先生是否给子女们留有其他财产。我想，作为驰骋商界几十年的风云人物，林先生除了经商和管理企业外，对个人财富的管理与传承问题应该也会有所关注。假如林先生提前关注人身保险的传承功能，便可借助保险给子女留下不因其身故而变为遗产的财产。

（一）保单架构

家庭责任较大，工作强度高，出差频繁的企业主等高净值人士，可以配置以自己为被保险人的大额保单，指定子女作为身故受益人。

我们以林先生为例，投保人可以是林先生本人或其配偶，也可以是林先生的父母或成年子女，还可以是信托公司。

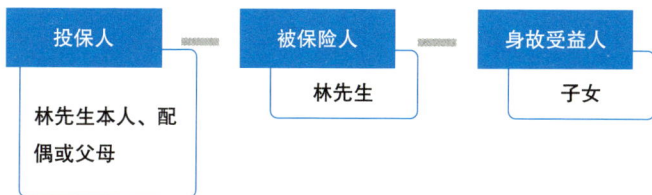

投保人		被保险人		身故受益人
林先生本人、配偶或父母		林先生		子女

林先生的保单架构

险种应当是含身故责任的保险产品，如大额寿险（定期寿险、终身寿险、增额寿险）和年金险等。

（二）方案解读

林先生身故后，其遗产须用于偿还生前所欠的税款和债务。在上述保单架构中，作为被保险人的林先生提前指定了子女作为身故受益人，那么子女获得的这笔身故保险金，在性质上不属于林先生的遗产，自然就不必用于清偿被保险人林先生的税款和债务，能够实实在在地由子女获得，实现"留爱不留债"。

（三）注意事项

不建议指定配偶作为身故受益人，因为夫妻对共同债务承担连带责任。

如果林先生指定配偶作为身故受益人，最终林太太以身故受益人身份取得的身故保险金虽然的确不属于林先生的遗产，但如果林先生的债务被认定为夫妻共同债务，林太太同样负有还款责任。她用手上的那笔身故保险金还债，与身故保险金是不是遗产无关，而是基于林太太共同债务人的身份。

三、被保险人或受益人赎买保单，使保单免于被执行

被保险人或受益人赎买保单的权利，即被保险人或受益人的介入权，该问题在《保险法司法解释（三）》第十七条中有明确的规定。

《保险法司法解释（三）》

第十七条　投保人解除保险合同，当事人以其解除合同未经被保险人或者受益人同意为由主张解除行为无效的，人民法院不予支持，但被保险人或者受益人已向投保人支付相当于保险单现金价值的款项并通知保险人的除外。

关于被保险人或受益人赎买保单使其免于被执行的问题，我们可以通过一个案例来理解。

例如，钱先生作为投保人为儿子小钱投保了一份大额保单，指定孙子小小钱为身故受益人。钱先生投保的初衷是想趁自己手上有钱，通过保险强制储蓄，为儿子和孙子留下积蓄。他计划着过几年将投保人变更为儿子小钱，届时保单将由儿子持有，由他决定保单的使用以及受益人的增加或变更问题。

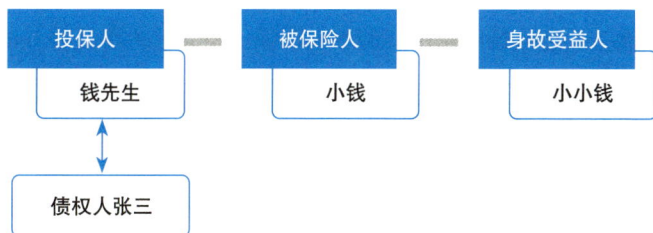

钱先生的投保方案

后来，钱先生在做生意过程中产生了债务，欠了张三 200 万元未能偿还，张三起诉至法院并申请冻结了钱先生名下这份大额保单。此时，钱先生为该保单支付的保费合计 100 万元，保单被冻结时的现金价值是 60 万元，保额是 120 万元，且保额会继续以每年 3% 的复利递增 ①。

我们知道，保单的现金价值权益属于投保人钱先生，由于钱先生欠债又无其他财产用于还债，债权人张三申请法院冻结了钱先生名下这份保单，要求用这份保单来还债，此时保单的现金价值为 60 万元，法院确实可以执行这份保单。一般来说，法院会要求投保人办理退保手续，用退保金来清偿债务。如果投保人拒不退保，法院可以直接向保险公司发出执行裁定书、协助执行通知书，要求保险公司解除保险合同，并协助扣划退保后的可得财产性权益用于清偿相关债务，保险公司对此负有协助义务，不能拒绝。

注意，案例中的投保方案，投保人与被保险人、受益人均不一致。保费虽然是投保人钱先生出的，但保障的对象是儿子小钱，未来有机会获得大额身故保险金的是孙子小小钱。从这个角度讲，法院执行该保单实际上也影响了被保险人和受益人的利益，因此，法院不宜贸然执行保单，而应在执行之前知会被保险人和受益人，让他们权衡利弊，考虑是否拿钱出来留下这份保单。如果他们考虑后认为："保费已经交了 100 万元，现在这个保单的现金价值是 60 万元，保额是 120 万元，而且保额还会继

① 该投保方案及相关金额仅为举例，不同情形下，保费、现金价值、保额等金额的多少，会因保险产品、交费期限、被保险人年龄以及投保后多久保单被冻结等因素的不同而不同。

续以每年 3% 的复利持续增长下去，如果现在退保还债，亏了不说，未来可期待的利益也就没了，得不偿失。"于是，被保险人或受益人决定凑凑钱拿出 60 万元交给法院，那么法院便不会再执行这份保单。毕竟，即便执行这份保单，能拿回来的也只是 60 万元的现金价值而已，现在有人拿 60 万元来留住它，这份保单也就不必再被执行了。

以上情形中，相当于被保险人或受益人以较小的代价（相当于保单现金价值的资金）赎买了保单，避免了保单被执行，保住了被保险人或受益人未来可得的保障和资金收益，即"以小换大""以现在换未来"。

可见，保单的现金价值低并不一定是缺点，现金价值低往往意味着保障高或者未来的收益高。在保单现金价值被执行的问题上，低现金价值意味着较低的赎买成本和面对债务时较灵活的腾挪空间。

司法实践中，关于保单赎买的具体操作流程，不同法院会有不同的要求，目前江苏省高级人民法院、上海市高级人民法院相关规范性文件的规定如下：

江苏省高级人民法院《关于加强和规范被执行人所有的人身保险产品财产性权益执行的通知》（2018 年 7 月 9 日）

（关于执行保单现金价值程序的规定）投保人为被执行人，且投保人与被保险人、受益人不一致的，人民法院扣划保险产品退保后可得财产利益时，应当通知被保险人、受益人。被保险人、受益人同意承受投保人的合同地位、维系保险合同的效力，并向人民法院交付了相当于退保后保单现金价值的财产替代履行的，人民法院不得再执行保单的现金价值。

被保险人、受益人未向人民法院交付相当于退保后保单现金价值财产的，人民法院可以要求投保人签署退保申请书，并向保险公司出具协助扣划通知书。投保人下落不明或者拒绝签署退保申请书的，人民法院可以直接向保险公司发出执行裁定书、协助执行通知书，要求保险公司解除保险合同，并协助扣划保险产品退保后的可得财产性权益，保险公司负有协助义务。

投保人未签署退保申请书，保险公司依人民法院执行裁定解除保险合同、协助执行后，相关人员因此起诉保险公司的，人民法院不予支持。

上海市高级人民法院与多家保险公司签署的《关于建立被执行人人身保险产品财产利益协助执行机制的会议纪要》（2021年11月4日）

（关于保单赎买的规定）冻结或扣划投保人（被执行人）的现金价值、红利等保单权益，投保人（被执行人）与被保险人或受益人不一致时，人民法院应秉承审慎原则，保障被保险人或受益人相关赎买保单的权益。人民法院冻结上述保单权益后，应给予不少于15日赎买期限。保险机构在办理协助冻结后，联系投保人（被执行人）、被保险人或受益人，告知赎买权益、行使期限以及不赎买时保单将被强制执行的事项。相关人员联系人民法院的，人民法院应向上述人员告知投保人（被执行人）保单被强制执行的相关情况。

被保险人或者受益人赎买支付相当于保单现金价值的款项的，由赎买人直接交予人民法院。人民法院应提取该赎买款项，不得再继续执行该保单的现金价值、红利等权益。但赎买期届满后无人赎买或者被保险人、受益人明确表示不赎买的，人民法院可以强制执行投保人（被执行人）对该保单的现金价值、红利等权益。

▶ 本节复盘

1.债务风险较高的人购买大额保单时需要注意哪些问题？

2.遗产须用于清偿被继承人生前的税款和债务。什么样的投保方案可以实现身故保险金不被视为被保险人的遗产，从而免于清偿被保险人生前的税款和债务？

第六章
税收问题与保险规划

　　税收，是国家为了向社会提供公共商品（包括公共产品和公共服务），凭借政治权力，按照法律规定进行的强制征收，是社会成员为获得公共需要满足而支付的价格或费用。正是因为有税收做保障，政府才能有资金为公民提供医疗、教育、社会安全、法律保障等方面的公共服务。作为参与社会生活的主体，每个公民、企业等纳税人都应当依法缴纳税收。《中华人民共和国宪法》第五十六条规定："中华人民共和国公民有依照法律纳税的义务。"

第一节 应知的税收常识

一、人人都是纳税人

2018 年 8 月 31 日，第十三届全国人大常委会第五次会议表决通过了关于修改个人所得税法的决定，此次修改中引发大家关注的一个重要内容是将工资、薪金所得的基本减除费用由每月 3500 元提高至每月 5000 元。从全国来看，（2018 年 10 月）个税免征额由 3500 元提高到 5000 元，就减少了 6000 多万名纳税人。2019 年 1 月 1 日起，新增六项专项附加扣除，又惠及近 5000 万名纳税人。两步改革因素相叠加，2019 年 1—4 月，全国个人所得税收入（3963 亿元）同比下降 30.9%，累计已有 9163 万人的工薪所得无须缴纳个人所得税[①]。

生活中常听有人自嘲式地调侃："就我这点工资，还不够纳税标准的。"仿佛纳税人是个颇为高端的"身份"，收入没有达

---

① 温晓. 个人所得税收入同比下降 30.9%，超 9000 万纳税人成"零税一族"[EB/OL].(2019-05-22)[2022-03-30].http://jingji.cctv.com/2019/05/22/ARTIbb34WvTDe9MbVvi3W37I190522.shtml.

到一定水平，纳税便与自己无关。但事实并非如此，可以说，只要参与社会经济活动、参与消费，那么消费即纳税，人人都是纳税人。

现代生活中，衣食住行无不依赖于交易。我们购买的普通的商品，大的如装修器材、电器等，小的如食品、饮料、衣物等，还有出行打车、餐馆就餐、酒店住宿等服务，按照我国现行税法的相关规定，这些物品和服务中已经包含了增值税、城市维护建设税（仅限市区）、教育费附加和地方教育费附加等。如果你要购买一些特殊的商品，比如车辆、烟酒、化妆品等，还要缴纳消费税。房产交易过程中也会涉及个人所得税、增值税、城市维护建设税、教育费附加、土地增值税、契税等税费项目。

总之，无论我们消费什么，实际上都已经缴纳了相关税费。因此，即便个人所得税方面在扣除基本减除费用和各专项附加扣除费用后，并没有实际缴纳个人所得税，但只要我们参与了社会经济活动，在各消费环节贡献了自己的力量，我们就都是纳税人。

二、税收的作用

消费即纳税，我们每个人参与到社会生活中，在有形和无形之间已经贡献了税收。你有没有想过，我们为什么要缴税？所缴的税收最终发挥了什么作用？这是每一个公民都应当关注的问题。

简言之，税收就是民众雇"管家"来管理全民事务，所需要支出的开销。共同生活在一个国度（社会）里的人们需要一个"管家"，即由代表国家行使各项职能的政府机关来处理公共事务。大至国家教科文卫、国防建设等的各项事务开支，小至修路架桥，甚至每家每户的防火防盗，都需要"管家"来统一处理。这样做的好处，一是可以避免各管各家的效率低下，二是可以集中力量办些大事。"管家"处理这些公共事务，当然需要财政支持，而我国财政收入的 86% 以上（2012 年数据）来自税收①。

相信你现在已经明白了，我们为什么要缴税。归根结底，税收取之于民，用之于民。

那么，我们缴纳的税收最终起到了什么作用呢？根据财政部公布的 2021 年财政收支情况统计数据，2021 年全国一般公共预算收入 202539 亿元，其中，全国税收收入 172731 亿元，非税收入 29808 亿元，占比分别为 85.28% 和 14.72%。②可见，税收是国家财政收入的重要组成部分。它对国家机器的正常运转以及促进国民经济健康发展有积极的作用。

税收还有一个重要作用，即调节经济和收入。关于税收的经

---

① 言谭.一本书读懂中国税（修订版）[M].杭州：浙江大学出版社，2017：11.
② 中华人民共和国财政部.2021年财政收支情况[EB/OL].（2022-01-29）[2022-03-30].http://gks.mof.gov.cn/tongjishuju/202201/t20220128_3785692.htm.

济调节作用，从政府工作报告中便可见一斑。例如，李克强总理在 2022 年 3 月 5 日所作的政府工作报告中提出，要实施新的组合式税费支持政策，减税与退税并举，实现对制造业、小微企业和个体工商户的支持，从而起到稳定市场预期、提振市场信心、促进就业、夯实经济的目的。同时，将 3 岁以下婴幼儿照护费用纳入个人所得税专项附加扣除，也体现了税收对国家大政方针的调节支持作用。

关于税收的收入调节作用，我们也可以理解为通过税收调节社会财富分配的作用。虽说大家都是公民，都在享受政府提供的公共服务，但让所有人都缴纳同样金额的税费是否合适，或者说是否公平？即便我们没有深入学习税收理论，也能感觉到这样并不公平，不论贫富差距，让大家承担一样的税收显然是不合适的。较公平的做法应当是让高收入者承担相对高额的税收，让低收入者承担较低的税收，这种税收金额上的不平等恰恰是为了体现公平。

下表是我国现行《个人所得税法》规定的个人所得税税率，通过观察该表可发现，随着收入的提高，相应金额对应的税率也逐渐提高，这正是现代社会追求税收公平的体现。

个人所得税税率表一（综合所得适用）

级数	全年应纳税所得额	税率（%）
1	不超过 36000 元的	3
2	超过 36000 元到 144000 元的	10

续表

级数	全年应纳税所得额	税率（%）
3	超过 144000 元到 300000 元的	20
4	超过 300000 元到 420000 元的	25
5	超过 420000 元到 660000 元的	30
6	超过 660000 元到 960000 元的	35
7	超过 960000 元的	45

（注 1：本表所称全年应纳税所得额是指依照《个人所得税法》第六条的规定，居民个人取得综合所得以每一纳税年度收入额减除费用 6 万元以及专项扣除、专项附加扣除和依法确定的其他扣除后的余额。）

（注 2：非居民个人取得工资、薪金所得，劳务报酬所得，稿酬所得和特许权使用费所得，依照本表按月换算后计算应纳税额。）

三、什么是"直接税"

《中华人民共和国国民经济和社会发展第十四个五年规划和 2035 年远景目标纲要》（以下简称《"十四五"规划纲要》）中有两处提到了"直接税"：在论述完善现代税收制度问题时，提及了"优化税制结构，健全直接税体系，适当提高直接税比重"；在论述完善再分配机制问题时，再次提及直接税，要求"健全直接税体系，完善综合与分类相结合的个人所得税制度，加强对高收入者的税收调节和监管"。

2021 年 4 月 7 日，在国务院新闻办举行的贯彻落实"十四五"规划纲要、加快建立现代财税体制发布会上，财政部财税司司长王建凡表示：健全地方税、直接税体系是完善我国现代税收制度的重要内容。我国直接税比重已从 2011 年的 28.4% 提高到 2020 年 34.9%。

那么，什么是直接税呢？

直接税，是税收立法预期由纳税人最终承担的税收。经济合作与发展组织（OECD）将对所得、资本利得和净财富征收的税收归为直接税，我国一般将所得税和财产税归为直接税，具体包括企业所得税、个人所得税、房产税、城镇土地使用税、车船税等。

简单说，直接税可以理解为以纳税人的所得或财产为基础，按照一定税率而缴纳的税收，相当于纳税人直接从其所得或财产中拿一部分出来用于缴税。

与直接税相对应的是间接税。间接税，是指纳税人能将税负转嫁给他人负担的税收。如消费税、增值税、关税等。间接税通常通过提高商品售价或劳务价格等办法转嫁出去，最终由消费者负担。比如我们去饭店吃饭，所付的餐费中实际上包含了增值税。这种模式下，增值税看似是由饭店交给税务局的，但真正的税负承担人是消费者。所以，间接税的一个典型特征是，纳税人能够将税负附加在商品或服务的价格中转嫁给他人。

为什么《"十四五"规划纲要》要说优化税制结构，健全直接税体系，适当提高直接税比重？

因为直接税更能体现对收入和财富的调节作用，进而实现税负公平。

直接税的税率采用累进结构，例如个人所得税的税率，收入越高，增加部分对应的税率就越高，可以实现按照收入的多少来确定税负，让收入多的人多缴税，收入少的人少缴税。房产税也一样，税率也会按照这种累进结构，房子越多，代表这个人或家庭的财富越多，税率随着其房产的增多而累进提高，体现了对财富的调节作用。

与直接税相比，间接税的财富调节作用相对较小。间接税在其计算和征收上，不考虑纳税人的各种复杂情况，采用的是同一比例税率。例如，同样去饭店消费，不管是超级富豪，还是普通工薪族，其承担的增值税税率都是相同的，未能体现高收入者多缴税，低收入者少缴税的税负公平原则。

中国政法大学教授施正文指出，在当前中国的税制结构中，直接税和间接税的比重约为 3:7。由于间接税的特性，无形中加剧了收入差距。因此，个人所得税将发挥调节收入的作用。

理解了直接税对收入和财富的调节作用，便能理解《"十四五"规划纲要》中为何要强调健全直接税体系，适当提高直接税比重了，因为它更能体现税负公平。

四、巨额逃税的人为什么没有被判刑

近两年，明星、网红逃税的新闻不断出现，金额动辄上亿元，有网友调侃，看到他们逃税的金额，一度怀疑自己用的货币和他们使用的货币不是同一种计量单位。看到这些新闻后，一些网友心生疑惑：这些明星、网红的逃税金额如此巨大，为何没有被判刑？

逃税的纳税人，根据严重程度，将被追究行政责任和刑事责任。

《中华人民共和国税收征收管理法》

第六十三条　纳税人伪造、变造、隐匿、擅自销毁帐簿、记帐凭证，或者在帐簿上多列支出或者不列、少列收入，或者经税务机关通知申报而拒不申报或者进行虚假的纳税申报，不缴或者少缴应纳税款的，是偷税。对纳税人偷税的，由税务机关追缴其不缴或者少缴的税款、滞纳金，并处不缴或者少缴的税款百分之五十以上五倍以下的罚款；构成犯罪的，依法追究刑事责任。

扣缴义务人采取前款所列手段，不缴或者少缴已扣、已收税款，由税务机关追缴其不缴或者少缴的税款、滞纳金，并处不缴或者少缴的税款百分之五十以上五倍以下的罚款；构成犯罪的，依法追究刑事责任。

可见，纳税人逃税，会被追缴税款和滞纳金，并处不缴或者少缴的税款 0.5~5 倍的罚款；构成犯罪的，依法追究刑事责任。什么样的逃税行为构成犯罪，会追究什么样的刑事责任，要严格依据《刑法》的具体规定来确定。

《刑法》

第二百零一条 纳税人采取欺骗、隐瞒手段进行虚假纳税申报或者不申报，逃避缴纳税款数额较大并且占应纳税额百分之十以上的，处三年以下有期徒刑或者拘役，并处罚金；数额巨大并且占应纳税额百分之三十以上的，处三年以上七年以下有期徒刑，并处罚金。

扣缴义务人采取前款所列手段，不缴或者少缴已扣、已收税款，数额较大的，依照前款的规定处罚。

对多次实施前两款行为，未经处理的，按照累计数额计算。

有第一款行为，经税务机关依法下达追缴通知后，补缴应纳税款，缴纳滞纳金，已受行政处罚的，不予追究刑事责任；但是，五年内因逃避缴纳税款受过刑事处罚或者被税务机关给予二次以上行政处罚的除外。

分析以上关于逃税罪的条文可知：

逃税案件，必须先经过税务机关的处理，司法机关不得绕过税务机关直接追究行为人的刑事责任。

即便行为人的逃税行为达到了逃税罪的标准，但经税务机关下达追缴通知后，行为人补缴应纳税款，缴纳滞纳金，已受行政处罚的，将不予追究刑事责任。

需要注意的是，如果行为人在五年内因逃税受过刑事处罚，或者被税务机关已经给予二次以上行政处罚的话，又因逃税被稽查，且达到了逃税罪的金额和比例标准，此次即便补缴应纳税款、缴纳滞纳金并接受行政处罚，也依然会被追究刑事责任。

需要补充强调的是，如果在税务机关行政处理期间未能补缴税款、缴纳滞纳金及拒绝接受行政处罚的，案件进入刑事司法程序后，才意识到问题的严重性，赶紧筹钱补缴应纳税款、缴纳滞纳金并接受行政处罚的，也不能享受逃税罪的刑事处罚阻却事由，即行政责任要承担，刑事责任也要承担。

综上，网红、明星巨额逃税却未见他们被刑事处罚，原因恰在于我国法律的相关规定。处罚逃税行为的主要目的是维护税收征管秩序，保证国家税收收入。《刑法》第二百零一条规定了逃税罪的刑事处罚阻却事由，体现了宽严相济的刑事政策，对于维护税收征管秩序，保障国家税收收入，提高纳税人守法意识具有积极意义。

▶ 本节复盘

1.说说你对直接税的理解。我国的税制结构将适当提高直接税比重，这对高净值人群有何影响？

2.巨额逃税的网红、明星没有被追究逃税罪刑事责任的原因是什么？

第二节　正确认识保险的节税功能

一、"保险能避税"到底是什么意思

这里先谈谈我对于"节税""避税""逃税"三个概念的理解。

节税，是指在法律允许的范围内，通过筹划降低税收负担的行为。简单来说，节税是合法的少缴税，其核心在于有明确的法律依据，是法律所允许甚至鼓励的，例如我们依据税收优惠政策少缴税，便属于合法节税。

逃税，是指违反法律规定，应当缴税而不缴的行为。逃税是法律明确禁止的，将承担相应的行政或刑事责任。例如，通过签订阴阳合同虚假报税，用个人账户收取公账藏匿公司收入不报税，制作假账在账簿上多列支出少列收入等，都属于逃税行为。

避税，是一种介于节税和逃税之间的行为。它没有逾越国家的法律底线，所以不属于逃税；但是对这种行为，国家不提倡、不鼓励，所以它也不同于节税。在当下税收征管强化的趋势下，避税的空间会越来越小。

常有客户问："听说保险能避税，是真的吗？"也有金融保险行业的业务经理问过："客户提到'保险能避税'这个问题时，我该怎么跟客户解释？"可见，如同"保险能避债"一样，"保险能避税"的说法也已经流传很久。单看这几个字，仿佛保险具备了"避税"或"不用缴税"的功能，但是，这个说法太宽泛、太绝对，没有设置任何前提，就断言"保险能避税"显然是不准确的。

二、保险和个人所得税

个人所得税是以个人取得的所得为课税对象征收的一种税。我们每个人取得的工资、薪金、劳务报酬、财产出租所得、股权等财产转让所得等，都应当缴纳个人所得税。

我国《个人所得税法》第二条规定了应当缴纳个人所得税的九大项目，包括：（1）工资、薪金所得；（2）劳务报酬所得；（3）稿酬所得；（4）特许权使用费所得；（5）经营所得；（6）利息、股息、红利所得；（7）财产租赁所得；（8）财产转让所得；（9）偶然所得。

关于哪些个人所得免征个人所得税，《个人所得税法》第四条也进行了规定。

《个人所得税法》

第四条　下列各项个人所得，免征个人所得税：

（一）省级人民政府、国务院部委和中国人民解放军军以上单位，以及外国组织、国际组织颁发的科学、教育、技术、文化、卫生、体育、环境保护等方面的奖金；

（二）国债和国家发行的金融债券利息；

（三）按照国家统一规定发给的补贴、津贴；

（四）福利费、抚恤金、救济金；

（五）保险赔款；

（六）军人的转业费、复员费、退役金；

（七）按照国家统一规定发给干部、职工的安家费、退职费、基本养老金或者退休费、离休费、离休生活补助费；

（八）依照有关法律规定应予免税的各国驻华使馆、领事馆的外交代表、领事官员和其他人员的所得；

（九）中国政府参加的国际公约、签订的协议中规定免税的所得；

（十）国务院规定的其他免税所得。

前款第十项免税规定，由国务院报全国人民代表大会常务委员会备案。

依据《个人所得税法》的规定，保险赔款免征个人所得税。所以，人身保险中的重疾保险金、残疾保险金、身故保险金由被保险人或受益人取得后，无须缴纳个人所得税，这与取得工资、取得股权分红或取得卖房款后，需要按照相关计税规则和税率缴纳个人所得税有所不同。从保险赔款免征个人所得税这一角度来讲，保险具备一定的节税功能。

三、保险和遗产税

首先需要说明的是，虽然有很多关于遗产税问题的讨论，网络上甚至流传过两版《遗产税暂行条例（草案）》，但我国目前并未开征遗产税。财政部在 2017 年 8 月 21 日发函，答复了段祺华委员关于遗产税法律法规修改问题的提案。财税函〔2017〕197号函全文如下：

财政部关于政协十二届全国委员会第五次会议第 0107 号（财税金融类 018 号）提案答复的函

段祺华委员：

您提出的关于遗产税法律法规修改的提案收悉，现答复如下：

我国目前并未开征遗产税，也从未发布遗产税相关条例或条例草案。提案中提到的"2004 年、2010 年版《中华人民共和国遗产税暂行条例（草案）》"来源未知。

遗产税是一个历史较长的税种，世界上有很多国家和地区开征了遗产税。自上世纪 90 年代以来，我部会同国家税务总局等部门一直在认真研究相关问题，收集、梳理了部分国家和地区遗产税通行做法，并积极关注相关国家税制发展趋势。从研究情况看，遗产税具有以下一些特点：一是征税范围复杂。遗产形态多种多样，既包括房地产等不动产，也包括银行存款、现金、股票、证券、古玩、字画、珠宝等动产，还包括知识产权等无形资产，开征遗产税需要全面、准确掌握居民财产信息，以及遗赠、继承等具体情况。二是征管程序复杂。遗产税需要对各类财产进行合理估价，需要大量专业人员从事相关估价工作，征管中极易产生争议，争议解决程序通常也较为复杂。三是征管配套条件要求高。开征遗产税还需要具备相应的征管条件，如不同政府部门的紧密配合、对拒不缴税的纳税人在法律中做出税收保全和强制措施制度安排等。从近年来遗产和赠与税的国际发展趋势看，征收遗产和赠与税在调节贫富差距的同时，可能会对一国的经济特别是国外资本流入和国内资本流出产生一定的影响，是否征收遗产和赠与税已逐步成为国家、地区间税收竞争、吸引投资的一项重要内容。部分开征遗产和赠与税的国家和地区近年来出现了取消或弱化该税种的趋势。

下一步，我们将继续跟踪国际上遗产税的发展趋势，进一步研究遗产税有关问题。

感谢您对财政工作的关心和支持，欢迎再提宝贵意见。

财政部

2017 年 8 月 21 日

通过上述复函可知：（1）我国目前未开征遗产税；（2）我国未发布遗产税相关条例或条例草案；（3）财政部会同国家税务总局等部门一直在研究遗产税相关问题，并将继续跟踪国际上遗产税的发展趋势，做进一步研究。

2021 年 8 月 17 日，中央财经委员会第十次会议召开，议题之一是"共同富裕",基于此,遗产税征收再次成为热议话题,多位专家就我国遗产税的开征问题发表观点。

中国经济体制改革研究会学术委员会主席、北京师范大学中国收入分配研究院教授宋晓梧先生表示,"我国已经出现了数量庞大的拥有巨额资产的家庭,这就具备了开征遗产税和赠与税的条件"[①]。宋晓梧先生认为,对于引起热议的第三次分配,"从国际经验看,如果没有遗产税、赠与税等税种,仅靠宣传号召、道德感召,三次分配也是很难规范地发展起来。有了遗产税、赠与税的平台,同时给予慈善事业和其他社会公益事业的税收优惠,建立有利于慈善组织健康发展的体制机制并加强监督管理,三次分配才能更充分地得到发展"[②]。

综上,不少专家认为,在我国共同富裕的时代背景下,遗产税、赠与税作为调节贫富差距的重要手段,很可能在未来开征。一部分伴随改革开放富起来并积累了大量财富的高净值人士,也已开始关注遗产税的税收筹划问题。

那么,保险金能不能免缴遗产税呢?根据我国《保险法》第四十二条可知,指定了身故受益人的保险,身故保险金不再作为遗产,而由受益人直接取得。因此有观点称,购买大额保单指定

---

① 侯润芳,赵泽. 宋晓梧:建议十四五期间稳妥开征房地产税、研究开征遗产税赠与税 [N/OL]. 新京报,2020-11-29[2022-03-30].https://www.bjnews.com.cn/detail/160664013615766.html.

② 宋晓梧.如何构建初次分配、再分配、三次分配协调配套的基础性制度安排 [N]. 光明日报,2021-10-09[2022-03-30].

身故受益人，便可避免身故保险金变为遗产，进而实现这笔身故保险金免缴遗产税。对此我认为，《保险法》第四十二条主要解决的是身故保险金的领取在操作上的程序问题，在我国正式出台"遗产税法"之前，并不能依据《保险法》第四十二条得出以上结论。但是，购买保险可享受税收优惠政策，是国际上的普遍做法，更何况保险资金在我国基础建设领域发挥着举足轻重的作用，我国大概率也会在税收、政策等各方面对保险行业给予鼓励或优惠。

再者，"先缴税，后继承"是多数国家遗产税的操作方式，如果我国也采用这种方式，那么假如被继承人留给子女后代的财产是大量的房产、公司股权等，就需要继承人先缴纳高额的遗产税，才能办理后续的继承过户手续，这就对现金流提出了较高的要求。如果被继承人能够提前配置含身故责任的大额保单，指定子女后代作为身故受益人，将来被保险人身故后，身故保险金以现金形式给到受益人，就能成为继承房产、股权等大额遗产时税金的来源，避免出现因为没钱缴税，无法继承财产的尴尬局面，从而确保遗产顺利承接。从这一角度讲，大额保单对于遗产的继承具备一定的筹划功能。

▶ **本节复盘**

1. 谈谈你对保险节税功能的认识。

2. 你认为我国将来会开征遗产税吗？